卷首语

《最新法律文件解读》是一套以为最新法律规范提供同步"解读"为主的系列丛书，分为刑事、民事、商事、行政与执行4个分册，按月出版。

本丛书以"解读"为重点，突出全、专、新、快、准等特点，通过对最新出台的法律、法规、司法解释、部门规章以及重要地方性法规进行同步动态解读，弥补了法律、法规、司法解释汇编类出版物没有同步阐释、解读内容的不足，为广大读者学习理解最新法律规范，正确贯彻执行法律文件，及时解决实践中的新情况、新问题，提供一个全方位、多层面的法律信息平台。

刑事法律文件解读（2011年第12辑，总第78辑）收录了2011年8月24日修订的《公安机关督察条例》及其解读文章，并收录了2011年9月29日修订的《四川省未成年人保护条例》等文件。同时，本辑专门收集了与"少年司法"相关的重要领导讲话，并收录了部分未成年人刑事案件量刑规范性文件，对读者在司法实践中领会司法政策与精神，准确适用有一定的帮助。另外，本辑还收录了《试论对未成年人犯罪从宽处理——对〈关于贯彻宽严相济刑事政策的若干意见〉》一文，从学者的角度对该问题进行解读，以飨读者。

图书在版编目(CIP)数据

刑事法律文件解读．总第 78 辑/张军主编．—北京:人民法院出版社,2011.12
(最新法律文件解读丛书)
ISBN 978-7-5109-0383-0

Ⅰ.①刑… Ⅱ.①张… Ⅲ.①刑法-法律解释-中国②刑事诉讼法-法律解释-中国 Ⅳ.①D924.05②D925.205

中国版本图书馆 CIP 数据核字(2012)第 004618 号

刑事法律文件解读．总第 78 辑
主编 张 军

责任编辑 兰丽专
出版发行 人民法院出版社
地 址 北京市东城区东交民巷 27 号 邮编 100745
电 话 (010)67550626(责任编辑) 67550558(发行部查询)
65223677(读者服务部)
网 址 http://www.courtbook.com.cn
E-mail courtpress@sohu.com
印 刷 北京人卫印刷厂
经 销 新华书店
开 本 787×1092 毫米 1/16
字 数 140 千字
印 张 8
版 次 2011 年 12 月第 1 版 2011 年 12 月第 1 次印刷
书 号 ISBN 978-7-5109-0383-0
定 价 16.00 元

《最新法律文件解读》丛书
编 委 会

责任编辑　兰丽专

电　　话　(010)67550626

邮　　箱　lanlizhuan@ sohu. com

目　录

[未成年人刑事案件量刑规范性文件]

【司法解释研究】

【量刑规范化典型案例评析】

法规、法规性文件与解读

公安机关督察条例

（1997 年 6 月 20 日中华人民共和国国务院令第 220 号发布
2011 年 8 月 24 日国务院第 169 次常务会议修订通过）

第一条 为了完善公安机关监督机制，保障公安机关及其人民警察依法履行职责、行使职权和遵守纪律，根据《中华人民共和国人民警察法》的规定，制定本条例。

第二条 公安部督察委员会领导全国公安机关的督察工作，负责对公安部所属单位和下级公安机关及其人民警察依法履行职责、行使职权和遵守纪律的情况进行监督，对公安部部长负责。公安部督察机构承担公安部督察委员会办事机构职能。

县级以上地方各级人民政府公安机关督察机构，负责对本级公安机关所属单位和下级公安机关及其人民警察依法履行职责、行使职权和遵守纪律的情况进行监督，对上一级公安机关督察机构和本级公安机关行政首长负责。

县级以上地方各级人民政府公安机关的督察机构为执法勤务机构，由专职人员组成，实行队建制。

第三条 公安部设督察长，由公安部一名副职领导成员担任。

县级以上地方各级人民政府公安机关设督察长，由公安机关行政首长兼任。

第四条 督察机构对公安机关及其人民警察依法履行职责、行使职权和遵守纪律的下列事项，进行现场督察：

（一）重要的警务部署、措施、活动的组织实施情况；

（二）重大社会活动的秩序维护和重点地区、场所治安管理的组织实施情况；

（三）治安突发事件的处置情况；

（四）刑事案件、治安案件的受理、立案、侦查、调查、处罚和强制措施的实施情况；

（五）治安、交通、户政、出入境、边防、消防、警卫等公安行政管理法律、法规的执行情况；

（六）使用武器、警械以及警用车辆、警用标志的情况；

（七）处置公民报警、请求救助和控告申诉的情况；

（八）文明执勤、文明执法和遵守警容风纪规定的情况；

（九）组织管理和警务保障的情况；

（十）公安机关及其人民警察依法履行职责、行使职权和遵守纪律的其他情况。

第五条 督察机构可以向本级公安机关所属单位和下级公安机关派出督察人员进行督察，也可以指令下级公安机关督察机构对专门事项进行督察。

第六条 县级以上地方各级人民政府公安机关督察机构查处违法违纪行为，应当向上一级公安机关督察机构报告查处情况；下级公安机关督察机构查处不力的，上级公安机关督察机构可以直接进行督察。

第七条 督察机构可以派出督察人员参加本级公安机关或者下级公安机关的警务工作会议和重大警务活动的部署。

第八条 督察机构应当开展警务评议活动，听取国家机关、社会团体、企业事业组织和人民群众对公安机关及其人民警察的意见。

第九条 督察机构对群众投诉的正在发生的公安机关及其人民警察违法违纪行为，应当及时出警，按照规定给予现场处置，并将处理结果及时反馈投诉人。

投诉人的投诉事项已经进入信访、行政复议或者行政诉讼程序的，督察机构应当将投诉材料移交有关部门。

第十条 督察机构对本级公安机关所属单位和下级公安机关拒不执行法律、法规和上级决定、命令的，可以责令执行；对本级公安机关所属单位或者下级公安机关作出的错误决定、命令，可以决定撤销或者变更，报本级公安机关行政首长批准后执行。

第十一条 督察人员在现场督察中发现公安机关人民警察违法违纪的，可以采取下列措施，当场处置：

（一）对违反警容风纪规定的，可以当场予以纠正；

（二）对违反规定使用武器、警械以及警用车辆、警用标志的，可以扣留其武器、警械、警用车辆、警用标志；

（三）对违法违纪情节严重、影响恶劣的，以及拒绝、阻碍督察人员执行现场督察工作任务的，必要时，可以带离现场。

第十二条 督察机构认为公安机关人民警察违反纪律需要采取停止执行

职务、禁闭措施的，由督察机构作出决定，报本级公安机关督察长批准后执行。

停止执行职务的期限为10日以上60日以下；禁闭的期限为1日以上7日以下。

第十三条 督察机构认为公安机关人民警察需要给予处分或者降低警衔、取消警衔的，督察机构应当提出建议，移送有关部门依法处理。

督察机构在督察工作中发现公安机关人民警察涉嫌犯罪的，移送司法机关依法处理。

第十四条 公安机关人民警察对停止执行职务和禁闭决定不服的，可以在被停止执行职务或者被禁闭期间向作出决定的公安机关的上一级公安机关提出申诉。由公安部督察机构作出的停止执行职务、禁闭的决定，受理申诉的机关是公安部督察委员会。

受理申诉的公安机关对不服停止执行职务的申诉，应当自收到申诉之日起5日内作出是否撤销停止执行职务的决定；对不服禁闭的申诉，应当在收到申诉之时起24小时内作出是否撤销禁闭的决定。

申诉期间，停止执行职务、禁闭决定不停止执行。

受理申诉的公安机关认为停止执行职务、禁闭决定确有错误的，应当予以撤销，并在适当范围内为当事人消除影响，恢复名誉。

第十五条 督察人员在督察工作中，必须实事求是，严格依法办事，接受监督。

督察机构及其督察人员对于公安机关及其人民警察依法履行职责、行使职权的行为应当予以维护。

第十六条 督察人员应当具备下列条件：

（一）坚持原则，忠于职守，清正廉洁，不徇私情，严守纪律；

（二）具有大学专科以上学历和法律专业知识、公安业务知识；

（三）具有3年以上公安工作经历和一定的组织管理能力；

（四）经过专门培训合格。

第十七条 督察人员执行督察任务，应当佩带督察标志或者出示督察证件。

督察标志和督察证件的式样由公安部制定。

第十八条 本条例自2011年10月1日起施行。

解读《公安机关督察条例》

国务院法制办、公安部相关负责人

2011年8月24日修订的《公安机关督察条例》于10月1日施行，现就这部行政法规的修订及施行的有关问题简要说明如下：

一、修订《公安机关督察条例》的背景

建立督察制度，是党中央、国务院改革和加强公安工作，确保公安机关和人民警察依法履行职责、正确行使职权的一个重大决策。《公安机关督察条例》自1997年公布施行以来，全国3000多个督察机构共开展现场督察500余万次，对于加强公安队伍正规化、法治化建设，建设一支秉公执法、清正廉明的公安队伍，发挥了重要作用。同时，随着我国经济社会的发展和依法治国方略的深入实施，公安机关维护国家安全、社会稳定工作面临着许多新挑战，人民群众对公安工作和队伍建设有了新期待，新时期、新形势、新任务对加强和改进公安内部监督工作也提出了许多新要求，《公安机关督察条例》施行过程中出现了执行力度不够强，督察范围不够明确，缺少停止执行职务和禁闭措施的期限以及对被督察人民警察的救济措施不完善等问题，亟须相应修改完善。

二、新修订的《公安机关督察条例》对完善督察管理体制，加强督察工作力度的有关规定

为了进一步完善公安机关督察体制和督察的适用范围，维护督察工作的权威性和严肃性，新修订的《公安机关督察条例》主要作了三个方面的规定：

一是强化了公安机关督察长的配置。现行条例规定，公安机关的督察长由同级公安机关领导成员副职担任。条例修订过程中，各地方反映，地方公安工作涉及面广，直接关乎社会稳定和人民生命财产安全，应当加强公安机关的内部监督力度，强化公安机关纪律，有必要增强公安督察工作的权威性和严肃性。为此，在征求有关部门意见的基础上，《公安机关督察条例》将地方各级人民政府公安机关的督察长职务，由公安机关领导成员副职担任改由公安机关行政首长兼任。地方公安机关行政首长兼任督察长，更有利于进一步强化行政首长对督察工作的领导，树立督察工作的权威性，把监督工作寓于决策和执行之中，使行政首长的权力与督察职能优势有机结合，从体制上保障督察职权的充分发挥，提高督察工作

效率，加强督察工作力度；

二是明确了公安督察机构的执法勤务性质。根据《公安机关组织管理条例》和国务院的有关规定，《公安机关督察条例》规定，县级以上地方各级人民政府公安机关的督察机构为执法勤务机构，实行队建制；三是进一步明确了对现役人民警察的督察。对于现役制的公安边防、消防、警卫部队警务督察适用问题，各地方在工作实践中存在不同理解。督察条例明确将边防、消防、警卫部队的督察统一纳入公安警务督察的工作范围。

三、新修订的《公安机关督察条例》在完善督察程序、处理人民群众投诉事项方面规定的有关措施

为了进一步完善督察工作程序，提高督察工作效率，《公安机关督察条例》作了以下规定：一是对于群众投诉的正在发生的公安机关及其人民警察违法违纪行为，督察机构必须及时出警，给予现场处置，并将处理结果及时反馈投诉人；二是投诉人投诉事项已经进入信访、行政复议或者行政诉讼程序的，督察机构应当将投诉材料移交有关部门，督察机构不再重复受理。

四、新修订的《公安机关督察条例》增加了对民警停止执行职务和禁闭的有关规定

《中华人民共和国人民警察法》第四十八条第三款规定："对违反纪律的人民警察，必要时可以对其采取停止执行职务、禁闭的措施。"新修订的督察条例主要是对公安民警停止执行职务和禁闭的有关规定作了进一步完善，主要内容有：一是规定停止执行职务的期限为10日以上60日以下；禁闭的期限为1日以上7日以下。二是规定由地方公安机关作出的停止执行职务、禁闭的决定，受理申诉的机关为作出决定的公安机关的上一级公安机关；由公安部督察机构作出的停止执行职务、禁闭的决定，受理申诉的机关是公安部督察委员会。三是规定不服停止执行职务的申诉审查期限为5日，不服禁闭的申诉审查期限为24小时。此外，为了维护依法履行职责的公安民警的合法权益，《公安机关督察条例》还规定，督察机构及其工作人员对公安机关及其人民警察依法履行职责、行使职权的行为应当予以维护。

五、保证新修订的《公安机关督察条例》的贯彻实施的措施

认真贯彻落实新条例，是当前和今后一个时期必须抓好的一项重点工作。首先，各级公安机关要认真抓好对督察条例的学习、宣传和教育培训工作。其次，各级公安机关要抓紧落实督察长任职规定，全面落实督察队建制。地方公安机关要按照新修订的《公安机关督察条例》规定和要求，尽快落实行政首长兼任督察长的任职调整，并以此为契机进一步加强和改进对督察工作的领导。要按照总队、支队、大队、的机构设置要求，分别在省、市、县三级公安机关建立、健全独立的督察机构，配齐配强督察人员，

全面加强督察队伍自身建设。再次，要抓紧修订完善配套规定。公安部拟在近期对《公安机关督察条例实施办法》、《公安机关实施停止执行职务和禁闭措施的规定》的相关内容作进一步修订，符合新修订的督察条例的规定。各级公安机关也要结合本地实际，认真梳理完善与之相配套的督察工作制度体系，确保督察工作始终围绕中心、服务大局，依法、规范、高效运行。

链接：

公安机关督察条例实施办法

（2001年1月2日公安部以中华人民共和国公安部令第55号发布施行）

第一章　总　则

第一条　为了保证督察工作的顺利进行，根据《公安机关督察条例》（以下简称《督察条例》），制定本办法。

第二条　督察工作的基本任务是保障和监督公安机关及其人民警察依法履行职责、行使职权和遵守纪律。

第三条　现场督察是指警务督察人员对公安机关及其人民警察在执法执勤活动中依法履行职责、行使职权和遵守纪律的情况进行的同步监督和检查。

第四条　督察人员必须坚持以事实为根据，以法律、法规为准绳，依法履行职责、行使职权。

第五条　各级公安机关及其人民警察应当自觉接受督察机构及其督察人员依法对其履行职责、行使职权和遵守纪律情况的监督。

第二章　督察机构和督察人员

第六条　公安部督察委员会领导全国公安机关的督察工作，警务督察局承担公安部督察委员会办事机构职能。县级以上地方各级人民政府公安机关督察机构负责本级公安机关督察工作并领导下级公安机关的督察工作，对上一级公安机关督察机构和本级公安机关行政首长负责。

第七条　公安部督察委员会由督察长、副督察长和委员组成。督察长、副督察长的人选由公安部部长提名，按照干部管理权限任免。督察委员会委员的人选由督察长提名，报公安部部长批准。

第八条 公安部督察委员会行使下列职权：

（一）对公安部所属单位和下级公安机关及其人民警察依法履行职责、行使职权和遵守纪律的情况进行监督；

（二）审定全国公安机关警务督察工作的部署；

（三）发布有关公安机关警务督察工作的决定和命令；

（四）审议和批准警务督察工作年度计划和执行情况报告；

（五）定期听取警务督察局的工作汇报；

（六）应当由督察委员会行使的其他职权。

第九条 公安部督察委员会每季度召开一次工作会议，由督察长召集。必要时，督察长可以随时召开会议，部署警务督察工作。

第十条 公安部督察委员会每半年向公安部部长报告全国公安机关警务督察工作的情况。对重大事项的督察情况随时向公安部部长报告。

第十一条 公安部警务督察局配备局长一名，副局长若干名，内设警务督察队和与督察工作相适应的处、室。

第十二条 公安部警务督察局的职责是：

（一）对公安部所属单位和下级公安机关及其人民警察依法履行职责、行使职权和遵守纪律的情况进行监督；

（二）指导和协调全国公安机关的督察工作；

（三）了解和掌握各级公安机关督察机构履行职责的情况；

（四）制定警务督察工作的有关制度；

（五）部署全国统一的专项督察任务，制定督察工作方案；

（六）组织、指导全国公安机关督察人员的教育和培训；

（七）协助本部人事部门做好对省、自治区、直辖市公安厅、局督察长、副督察长的管理工作；

（八）履行《督察条例》和公安部督察委员会赋予的其他职责。

第十三条 县级以上地方各级人民政府公安机关建立督察机构，其具体设置为：

省、自治区、直辖市公安厅、局配备督察长一名、副督察长二名，设警务督察处。

市（地、州、盟）公安局（处）配备督察长一名、副督察长二名，设警务督察室。

县（市、旗）公安局配备督察长一名，设警务督察队。各级公安机关督察机构建立由专职人员组成的警务督察队。

第十四条 县级以上地方各级人民政府公安机关的督察长、副督察长在提请任免之前，必须征求上一级公安机关的意见。

第十五条 县级以上地方各级人民政府公安机关督察机构的职责是：

（一）负责本级公安机关督察工作并领导下级公安机关的督察工作；

（二）负责对本级公安机关所属单位和下级公安机关及其人民警察依法履行职责、行使职权和遵守纪律情况的监督；

（三）制定本地区督察工作的有关制度；

（四）组织、实施对本级公安机关和下级公安机关督察人员的培训和考核；

（五）协助人事部门做好对下一级公安机关督察长、副督察长的考察管理工作；

（六）办理上级公安机关督察机构和本级公安机关行政首长交办的督察事项；

（七）履行《督察条例》规定的其他职责。

第十六条 各级公安机关必须按照《督察条例》规定的条件选配专职督察人员。各级公安机关督察机构应当按照有关规定组织督察人员进行专门培训，合格后才准予上岗。

第十七条 督察机构及其督察人员应当自觉接受公安机关及其人民警察和社会各界的监督，依法履行职责、行使职权。

督察人员违反本规定或在督察工作中违法违纪的，应当依照有关法律和纪律的规定追究责任。

第十八条 督察人员的勤务津贴参照交警、巡警等一线公安民警的标准执行。

第三章 现场督察的范围和方式

第十九条 督察机构依据《督察条例》第四条规定的事项进行现场督察。

第二十条 督察机构根据督察内容，可以采取随警督察、重点督察、专项督察等不同的督察方式。

第二十一条 督察机构在执行督察任务时，通常情况下应当按照立项、审批、实施和处理等程序进行，由督察机构领导审核批准。

对重大事项的督察，必须经本级行政首长批准，由督察长组织实施，必要时报上一级督察机构备案。

第二十二条 督察人员在执行现场督察任务时，不得少于二人。根据工作的需要，可以采取明察和暗访两种形式。

督察人员执行明察任务时，可以着警服或便装，同时必须佩带督察证件。进行暗访时，应当着便装，并严格按照批准的工作方案开展工作。

第二十三条 根据督察工作任务的需要，经警务督察队队长以上领导批准，督察人员可以模拟设置警情，实地了解被督察对象工作的真实情况。督察任务结束后，督察人员应当及时撤销所设警情。未经批准，任何人不得擅自模拟设置警情。

第二十四条 在现场督察中，督察人员可以通过录音、摄影和摄像等手段，获取信息资料或证据。必要时，督察机构可以邀请公安机关有关部门和专业人员配合督察工作。

第二十五条 被督察的单位应当根据督察人员的要求，提供与督察事项有关的文件、资料和情况，如实回答提出的问题。

督察人员有权对督察事项有关的资料进行查阅或者复制。

第二十六条 上级督察机构可以指令下级督察机构对专门事项进行督察，必要时，可以直接派员进行督察。

下级督察机构应当按照要求，认真、及时地完成交办事项的督察，并将督察结果报告上级督察机构。

第二十七条 两个以上督察机构都有权管辖的督察事项，由最初受理的公安机关督察机构办理。

对管辖权不明或发生争议的，由其共同的上级公安机关督察机构指定办理。

第二十八条 各级公安机关督察机构应当了解本级公安机关的重大警务活动部署，并且根据情况及时作出督察工作的安排。

第二十九条 督察机构可以根据警务督察工作的需要，组织有关业务部门共同进行现场督察。

第三十条 各级公安机关督察机构应当会同有关部门采取座谈、问卷调查等多种形式，每年定期、不定期地组织开展警务评议活动，广泛听取社会各界对公安机关及其人民警察履行职责、行使职权和遵守纪律情况的意见。

警务评议的结果应当及时向同级行政首长报告，并报上一级公安机关督察机构备案。

第三十一条 各级公安机关督察机构对群众的投诉，应当如实登记、认真核实，及时反馈。

经督察机构核查证实反映问题不实、造成一定后果的，应当予以澄清，消除不良影响。

对于不属于督察机构督察范围的，督察机构应当立即转交有关部门处理，同时将情况反馈给检举人或控告人。

第四章 现场督察的权限和处理

第三十二条 督察人员在现场督察中发现公安机关的人民警察有下列违

反警容风纪规定的行为，可以当场予以纠正：

（一）不按规定穿着制式警服的；

（二）警容不整的；

（三）穿着警服在公共场所举止不端，有失警察形象的；

（四）穿着警服在公共场所饮酒的；

（五）其他违反警容风纪规定的行为。

第三十三条 督察人员在现场督察中发现公安机关的人民警察有下列违反规定使用武器、警械的，可以当场予以扣留：

（一）无持枪证而携带武器的；

（二）违反规定携带武器、警械进入禁止区域、场所的；

（三）违反规定配枪或持有警械的；

（四）其他违反《枪支管理法》和《人民警察使用警械和武器条例》等法律、法规和规章规定的行为，必要时，可扣留其佩带的武器、警械。

第三十四条 督察人员在现场督察中发现公安机关及其人民警察有下列违反规定使用警用车辆和警用标志的，可以当场予以扣留：

（一）不按规定使用警车，滥用警灯、警报器，不按规定携带警车牌证或者挪用、转借警车牌证的；

（二）私自喷涂警车外观标志，安装警灯、警报器以及伪造、涂改警车牌证的；

（三）违反规定购买并使用不合格的警衔标志、警服专用标志的；

（四）佩带与授予的警衔不相符的警衔标志；

（五）转借或者赠予非警务人员警服或者警察专用标志；

（六）其他违反《警车管理规定》以及警察专用标志等方面的法律、法规和规章规定的行为，必要时，可以扣留其使用的警车及标志。

第三十五条 督察人员在现场督察中发现非人民警察有违反《中华人民共和国人民警察法》第三十六条规定的，可以当场予以扣留，并及时移交有关部门处理。

第三十六条 督察人员在现场督察中扣留的违法使用的武器、警械、警用车辆和警用标志，应当分别填写现场处置记录和统一印制的扣留凭据。

第三十七条 督察人员在现场督察中发现人民警察有下列行为之一的，必要时，可以带离现场：

（一）正在发生的、在社会上造成恶劣影响的严重违法违纪行为；

（二）拒绝、阻碍督察人员执行现场督察工作任务的。对严重违法违纪的公安机关的人民警察，督察人员应当按照规定填写《公安督察通知书》，及时将督察情况通知违纪民警所在单位。

对不属于管辖范围的人民警察，被带离后，应当及时通知其所在单位。

第三十八条 督察机构发现公安机关及其人民警察执行法律、法规不当或不履行法定职责时，应当予以纠正；对超越人民警察法定职责的行为，应当予以制止。

第三十九条 对本级公安机关所属单位和下级公安机关拒不执行法律、法规和上级决定、命令的，督察机构可以责令执行。

第四十条 督察机构发现本级公安机关的决定和命令与上级公安机关不相符的，应当及时向本级公安机关行政首长提出，同时报告上级公安机关督察机构。

第四十一条 上级督察机构发现下级督察机构对督察事项处理不适当的，可以提出重新处理的建议。必要时，可以责令下级督察机构停止执行，并予以撤销或者变更。

第四十二条 督察机构对违反纪律的公安机关的人民警察需要采取停止执行职务、禁闭措施的，按照《公安机关实施停止执行职务和禁闭措施的规定》办理。

第四十三条 督察机构在督察工作中发现公安机关的人民警察违反纪律，认为需要给予行政处分或者降低警衔、取消警衔的，可以向有关部门提出建议。

第四十四条 督察机构在督察工作中发现公安机关的人民警察涉嫌犯罪的，移交司法机关依法处理。

第四十五条 督察机构在现场督察中遇到公安机关及其人民警察违法违纪或失职行为的重大情况，应当立即报告。对需要采取紧急措施的案件、事件和事故，应当进行先期处置。

对需要查处的案件、事件和事故，应当及时移交公安机关主管部门处理。

第四十六条 公安机关及其人民警察对督察机构作出的督察决定或提出的督察建议，应当在规定的时间内以书面形式向督察机构反馈落实情况。

第四十七条 公安机关及其人民警察对督察机构作出的决定不服的，可在接到督察决定书之日起三日内提出申请，督察机构应当在十日内作出复核决定。

对复核决定仍不服的，可以在收到复核决定书之日起五日内向上一级公安机关督察机构提出申诉，上级督察机构应当在一个月内予以答复。

申请、申诉期间督察决定不停止执行。但是经过上级督察机构复核认为原督察决定确属不当或错误的，作出督察决定的机构应当立即变更或撤销，并在适当范围内消除影响。

第四十八条 公安机关及其人民警察违反本办法，有下列行为之一的，追究单位或者个人的纪律责任：

（一）拒绝督察机构及其督察人员依法进行督察的；

（二）隐瞒事实真相，伪造或者隐匿、毁灭证据的；

（三）包庇违法违纪人员的；

（四）拒不执行督察决定、命令或者无正当理由拒不采纳督察建议的；

（五）打击、报复检举、控告人和督察人员的；（六）其他妨碍督察工作正常进行的。

第五章　附　　则

第四十九条　各级公安机关必须保障督察工作所必需的经费，配备必要的交通、通讯工具及其他设备。

第五十条　铁道部、交通部、民航总局公安局、国家林业局森林公安局和海关总署走私犯罪侦查局建立督察机构，负责本系统的警务督察工作。

公安部直属的出入境边防检查总站建立督察机构，负责本单位及其各分站的警务督察工作。

第五十一条　公安边防、消防和警卫部队除执行《中国人民解放军警备条令》的有关规定外，其警务督察工作依照本实施办法由公安部督察委员会统一领导。

第五十二条　各省、自治区、直辖市公安厅、局督察机构负责管辖范围内的公安边防、消防、警卫部队的警务督察工作，并结合本地实际情况，制定具体实施办法。

第五十三条　本实施办法自发布之日起施行。

国务院办公厅

关于加强和改进流浪未成年人救助保护工作的意见

2011 年 8 月 15 日　　　　　　2011 年国办发〔2011〕39 号

各省、自治区、直辖市人民政府，国务院各部委、各直属机构：

党中央、国务院高度重视未成年人权益保护工作，近年来国家出台了一系列法律法规和政策，未成年人权益保护工作取得了积极成效。但受人口流动加速、一些家庭监护缺失和社会不良因素影响，未成年人流浪现象仍然存在，甚至出现胁迫、诱骗、利用未成年人乞讨和实施违法犯罪活动等问题，严重侵害了未成年人合法权益，妨害了未成年人健康成长。为进一步完善流浪未成年人救助保护体系，切实加强和改进流浪未成年人救助保护工作，经国务院同意，现提出如下意见：

一、充分认识流浪未成年人救助保护工作的重要意义

做好流浪未成年人救助保护工作，关系到未成年人的健康成长，关系到社会和谐安定，关系到以人为本执政理念的落实。及时有效救助保护流浪未成年人，是各级政府的重要职责，是维护未成年人合法权益的重要内容，是预防未成年人违法犯罪的重要举措，是加强和创新社会管理的重要方面，是社会文明进步的重要体现。各地区、各有关部门要充分认识加强和改进流浪未成年人救助保护工作的重要性和紧迫性，进一步统一思想，提高认识，认真落实《中华人民共和国未成年人保护法》、《中华人民共和国预防未成年人犯罪法》和《中华人民共和国义务教育法》等法律法规，不断完善政策措施，提升救助保护水平，维护好流浪未成年人的合法权益。

二、流浪未成年人救助保护工作的总体要求和基本原则

（一）总体要求。牢固树立以人为本、执政为民的理念，贯彻预防为主、标本兼治的方针，健全机制，完善政策，落实责任，加快推进流浪未成年人救助保护体系建设，确保流浪未成年人得到及时救助保护、教育矫治、回归家庭和妥善安置，最大限度减少未成年人流浪现象，坚决杜绝胁迫、诱骗、利用未成年人乞讨等违法犯罪行为。

（二）基本原则。坚持未成年人权益保护优先。把未成年人权益保护和健康成长作为首要任务，加强对家庭监护的指导和监督，及时救助流浪未成年人，严厉打击胁迫、诱骗、利用未成年人乞讨等违法犯罪行为，切实保障未成年人的生存权、发展权、参与权、受保护权。

坚持救助保护和教育矫治并重。积极主动救助流浪未成年人，保障其生活、维护其权益；同时加强流浪未成年人思想、道德、文化和法制教育，强化心理疏导和行为矫治，帮助其顺利回归家庭。

坚持源头预防和综合治理。综合运用经济、行政、司法等手段，落实义务教育、社会保障和扶贫开发等政策，强化家庭、学校、社会共同责任，不断净化社会环境，防止未成年人外出流浪。

坚持政府主导和社会参与。落实政府责任，加大政府投入，加强各方协作，充分发挥基层组织作用，调动社会各方面参与流浪未成年人救助保护的积极性，形成救助保护工作的合力。

三、加强和改进流浪未成年人救助保护工作的政策措施

（一）实行更加积极主动的救助保护。公安机关发现流浪乞讨的未成年人，应当护送到救助保护机构接受救助。其中由成年人携带流浪乞讨的，应当进行调查、甄别，对有胁迫、诱骗、利用未成年人乞讨等违法犯罪嫌疑的，要依法查处；对由父母或其他监护人携带流浪乞讨的，应当批评、教育并引导护送到救助保护机构接受救助，无力自行返乡的由救助保护机构接送返乡，公安机关予以协助配合。民政部门要积极开展主动救助，引导护送流浪未成年人到救助保护机构接受救助。城管部门发现流浪未成年人，应当告知并协助公安或民政部门将其护送到救助保护机构接受救助。对突发急病的流浪未成年人，公安机关和民政、城管部门应当直接护送到定点医院进行救治。

充分发挥村（居）民委员会等基层组织作用，组织和动员居民提供线索，劝告、引导流浪未成年人向公安机关、救助保护机构求助，或及时向公安机关报警。

（二）加大打击拐卖未成年人犯罪力度。公安机关要严厉打击拐卖未成年人犯罪，对来历不明的流浪乞讨和被强迫从事违法犯罪活动的未成年人，要一律采集生物检材，检验后录入全国打拐DNA（脱氧核糖核酸）信息库比对，及时发现、解救失踪被拐未成年人。加强接处警工作，凡接到涉及未成年人失踪被拐报警的，公安机关要立即出警处置，认真核查甄别，打击违法犯罪活动。强化立案工作，实行未成年人失踪快速查找机制，充分调动警务资源，第一时间组织查找。建立跨部门、跨警种、跨地区打击拐卖犯罪工作机制。民政等有关部门要协助公安机关做好被拐未成年人的调查、取证和解救工作。

（三）帮助流浪未成年人及时回归家庭。救助保护机构和公安机关要综合运用救助保护信息系统、公安人口管理信息系统、全国打拐DNA（脱氧核糖核酸）信息库和向社会发布寻亲公告等方式，及时查找流浪未成年人父母或其他监护人。

对查找到父母或其他监护人的流浪未成年人，救助保护机构要及时安排接送返乡，交通运输、铁道等部门要在购票、进出站、乘车等方面积极协助。流出地救助保护机构应当通知返乡流浪未成年人或其监护人常住户口所在地的乡镇人民政府（街道办事处）做好救助保护和帮扶工作。流出地救助保护机构要对流浪未成年人的家庭监护情况进行调查评估：对确无监护能力的，由救助保护机构协助监护人及时委托其他人员代为监护；对拒不履行监护责任、经反复教育不改的，由救助保护机构向人民法院提出申请撤销其监护人资格，依法另行指定监护人。

对暂时查找不到父母或其他监护人的流浪未成年人，在继续查找的同时，要通过救助保护机构照料、社会福利机构代养、家庭寄养等多种方式予以妥善照顾。对经过2年以上仍查找不到父母或其他监护人的，公安机关要按户籍管理有关法规政策规定为其办理户口登记手续，以便于其就学、就业等正常生活。对在打拐过程中被解救且查找不到父母或其他监护人的婴幼儿，民政部门要将其安置到社会福利机构抚育，公安机关要按规定为其办理户口登记手续。

（四）做好流浪未成年人的教育矫治。救助保护机构要依法承担流浪未成年人的临时监护责任，为其提供文化和法制教育、心理辅导、行为矫治、技能培训等救助保护服务，对合法权益受到侵害的，要协助司法部门依法为其提供法律援助或司法救助。救助保护机构要在教育行政部门指导下帮助流浪未成年人接受义务教育或替代教育，对沾染不良习气的，要通过思想、道德和法制教育，矫治不良习惯，纠正行为偏差；对有严重不良行为的，按照有关规定送专门学校进行矫治和接受教育。对流浪残疾未成年人，卫生、残联等部门要指导救助保护机构对其进行心理疏导、康复训练等。

（五）强化流浪未成年人源头预防和治理。预防未成年人流浪是家庭、学校、政府和社会的共同责任，做好源头预防是解决未成年人流浪问题的治本之策。家庭是预防和制止未成年人流浪的第一责任主体，应当依法履行对未成年人的监护责任和抚养义务。有关部门和基层组织要加强对家庭履行监护责任的指导和监督，对困难家庭予以帮扶，提升家庭抚育和教育能力，帮助其解决实际困难。村（居）民委员会要建立随访制度，对父母或其他监护人不依法履行监护责任或者侵害未成年人权益的，要予以劝诫、制止；情节严重的，要报告公安机关予以训诫，责令其改正；构成违反治安管理行为的，由公安机关依法给予行政处罚。

学校是促进未成年人健康成长的重要阵地，要坚持育人为本、德育为先，加强学生思想道德教育和心理健康辅导，根据学生特点和需要，开展职业教育和技能培训，使学生掌握就业技能，实现稳定就业；对品行有缺点、学习有困难的学生，要进行重点教育帮扶；对家庭经济困难的学生，要按照有关规定给予教育资助和特别关怀。教育行政部门要建立适龄儿童辍学、失学信息通报制度，指导学校做好劝学、返学工作，乡镇人民政府（街道办事处）、村（居）民委员会要积极做好协助工作。

地方各级政府和有关部门要进一步落实义务教育、社会保障和扶贫开发等政策，充分调动社会各方面的力量，把流浪未成年人救助保护纳入重点青少年群体教育帮助工作、“春蕾计划”、“安康计划”和家庭教育工作的总体计划；将流浪残疾未成年人纳入残疾未成年人康复、教育总体安排；充分发挥志愿者、社工队伍和社会组织作用，鼓励和支持其参与流浪未成年人救助、教育、矫治等服务。

四、健全工作机制，形成救助保护工作合力

（一）加强组织领导。进一步完善政府主导、民政牵头、部门负责、社会参与的流浪未成年人救助保护工作机制。建立民政部牵头的部际联席会议制度，研究解决突出问题和困难，制定和完善相关政策措施，指导和督促地方做好工作。民政部要发挥牵头部门作用，加强组织协调，定期通报各省（区、市）流浪未成年人救助保护工作情况，建立挂牌督办和警示制度。地方各级政府要高度重视，建立由政府分管领导牵头的流浪未成年人救助保护工作机制；要建立和完善工作责任追究机制，对工作不力、未成年人流浪现象严重的地区，追究该地区相关领导的责任。

（二）完善法律法规。抓紧做好流浪乞讨人员救助管理法律法规规章修订相关工作，完善流浪未成年人救助保护制度，健全流浪未成年人救助保护、教育矫治、回归安置和源头预防等相关规定，规范救助保护工作行为，强化流浪未成年人司法救助和保护，为流浪未成年人救助保护工作提供有力的法律保障。

（三）加强能力建设。各级政府要加强流浪未成年人救助保护能力建设，进一步提高管理和服务水平。要充分发挥现有救助保护机构、各类社会福利机构的作用，不断完善救助保护设施。要加强救助保护机构工作队伍建设，合理配备人员编制，按照国家有关规定落实救助保护机构工作人员的工资倾斜政策，对救助保护机构教师按照国家有关规定开展职称评定和岗位聘用。公安机关要根据需要在救助保护机构内设立警务室或派驻民警，协助救助保护机构做好管理工作。财政部门要做好流浪乞讨人员救助资金保障工作，地方财政要建立稳定的经费保障机制，中央财政给予专项补助。

（四）加强宣传引导。进一步加大未成年人权益保护法律法规宣传力度，开展多种形式的法制宣传活动，在全社会牢固树立未成年人权益保护意识。加强舆论引导，弘扬中华民族恤孤慈幼的传统美德，鼓励社会力量通过开展慈善捐助、实施公益项目、提供志愿服务等多种方式，积极参与流浪未成年人救助保护工作，营造关心关爱流浪未成年人的良好氛围。

地方性法规、地方政府规章及解读

四川省未成年人保护条例

（1990 年 9 月 5 日四川省七届人大常委会第 18 次会议通过
2011 年 9 月 29 日由四川省第十一届人民代表大会
常务委员会第二十五次会议修订通过）

第一章 总　则

第一条 为了保护未成年人的身心健康，保障未成年人的合法权益，促进未成年人在品德、智力、体质等方面全面发展，根据《中华人民共和国未成年人保护法》、《中华人民共和国预防未成年人犯罪法》和相关法律法规，结合四川省实际，制定本条例。

第二条 四川省行政区域内未成年人的保护，适用本条例。

本条例所称未成年人是指未满十八周岁的公民。

第三条 国家、社会、学校和家庭应当根据未成年人身心发展的规律与特点，特殊、优先保护未成年人合法权益，保障未成年人安全健康成长。

保护未成年人的工作，应当遵循下列原则：

（一）尊重未成年人的人格尊严；

（二）适应未成年人身心发展的规律和特点；

（三）教育与保护相结合。

第四条 保护未成年人，是国家机关、社会团体、企业事业组织、村（居）民委员会、未成年人的监护人和其他成年公民的共同责任。

国家、社会、学校和家庭应当教育和帮助未成年人树立正确的人生观、世界观和价值观。未成年人有义务接受法律、人身安全和心理健康等知识宣传，遵守法律法规和社会公德，诚实守信，珍爱生命，掌握基本的生存常识，提高应对突发事件的能力，增强自我保护意识和社会责任感，增强辨别是非和自我保护的能力，抵制不良行为和违法犯罪行为。

国家、社会、学校和家庭在处理与未成年人权益有关的事务时，应当根据未成年人的身心发展规律和特点听取其意见。

第五条 未成年人保护工作由地方各级人民政府领导并组织实施。

县级以上地方各级人民政府设立未成年人保护委员会。未成年人保护委员会由同级人民政府及有关部门、司法机关、社会团体等成员单位组成，主任委员由同级人民政府负责人担任。共产主义青年团委员会协助同级人民政府做好未成年人保护工作，承担未成年人保护委员会的日常工作，并配备专职工作人员。

乡镇人民政府、街道办事处根据需要设立未成年人保护委员会；不设立的，应当指定专人负责未成年人保护工作，督促并指导社区的未成年人保护工作。

第六条 未成年人保护委员会在同级地方人民政府领导下，履行下列职责：

（一）宣传、贯彻有关未成年人保护的法律、法规和政策；

（二）督促国家机关、社会、学校和家庭做好未成年人保护工作；

（三）对未成年人进行理想教育、道德教育、纪律和法制教育，进行爱国主义、集体主义和社会主义的教育；

（四）接受对侵害未成年人合法权益行为的举报、投诉，督促、协调有关部门调查处理，为未成年人提供或者寻求法律帮助；

（五）制定未成年人保护工作发展规划，建立和完善未成年人保护工作制度；

（六）研究未成年人保护工作中的重大事项，向有关国家机关提出意见和建议；

（七）对本级未成年人保护委员会的成员单位和下一级未成年人保护委员会履行职责情况进行年度考核；

（八）处理其他有关未成年人保护工作的事项。

第七条 妇女联合会、工会、青年联合会、学生联合会、少年先锋队以及其他有关社会团体，协助各级人民政府做好下列工作：

（一）宣传保护未成年人合法权益的法律、法规和政策；

（二）组织开展对未成年人的革命传统、纪律和法制等教育；

（三）组织开展未成年人自我保护教育；

（四）组织开展适合未成年人特点的文化娱乐与科技活动；

（五）做好预防未成年人违法犯罪和帮教工作；

（六）开展未成年人保护的理论研究工作；

（七）其他有关工作。

第八条 对在未成年人保护工作中做出显著成绩的组织和个人，由地方各级人民政府和有关部门联合或者分别给予表彰、奖励。

未成年人的合法权益受到侵害的，任何单位或者个人有权向有关部门反映、投诉或者举报。有关部门接到举报，应当记录，并及时依法调查、处理；对不属于本部门职责范围的，应当及时移送相关部门。

第二章 未成年人的权利

第九条 未成年人享有生存权、发展权、受保护权、参与权等权利。未成年人的合法权益不受侵犯。

第十条 未成年人依法享有平等权。未成年人不分性别、民族、种族、财产状况、宗教信仰等，依法平等地享有权利。

非婚生子女、养子女与婚生子女享有同等的权利，任何组织或者个人不得歧视。

第十一条 未成年人享有生命权。生命垂危的未成年人有权获得国家和社会的及时抢救。禁止弃婴、溺婴或者以其他方法剥夺未成年人的生命权。

第十二条 未成年人的身体安全和心理健康不受侵犯。禁止以暴力、虐待、性侵害等形式危害未成年人的身心健康。

未成年人依法享有人身自由权。禁止非法拘禁和以其他方法非法剥夺或者限制未成年人的人身自由。禁止拐卖、盗抢或者以其他方式侵害婴幼儿的人身自由。

第十三条 未成年人依法享有姓名权、名誉权、荣誉权、肖像权、隐私权等民事权益。

禁止非法剥夺未成年人的荣誉称号。未成年人的隐私不受他人非法侵扰、收集、利用和公开。

第十四条 未成年人有接受监护的权利，在其成长发展过程中有权获得抚养、接受教育和保护。

第十五条 未成年人依法享有财产权。

未成年人通过继承、受赠和以其他合法方式获得的财产受法律保护。在家庭共有财产关系中，不得侵害未成年人依法享有的权益。

第十六条 未成年人有休息和娱乐的权利。

未成年人有权参加与其年龄相适宜的健康有益的游戏和娱乐活动，有权参加健康有益的文化、艺术、娱乐、体育、科技和社会实践等活动。

第十七条 国家和社会应当保障未成年人享有社会保险、社会救助、社会福利和医疗卫生保健等权益。

第十八条 适龄未成年人依法享有平等接受义务教育的权利，并承担接受义务教育的义务。

第十九条 未成年人依法享有进行科学研究、文学艺术创作和其他文化活动的权利与自由。国家依法保护未成年人的智力成果。

国家机关、社会、学校和家庭对未成年人从事科学、技术、文学、艺术和其他文化研究与创作的健康有益工作，应当给予鼓励和帮助。任何单位和个人不得侵犯未成年人的发现、发明、专利、著作等权利，以及获得报酬的权利。

第三章 家庭保护

第二十条 父母或者其他监护人应当依法履行对未成年人的抚养、教育等监护职责，应当尊重未成年人的人格尊严，为其提供必要的学习、生活和医疗保健条件，保护未成年人的身心健康和人身财产安全。

第二十一条 父母或者其他监护人应当创造良好、和睦的家庭环境，让未成年人在尊严、宽容、自由、平等的环境中健康成长。

第二十二条 父母或者其他监护人应当加强对未成年人的安全教育，让未成年人珍惜生命与健康。培养预防、应对突发事件的安全防范意识与能力。

第二十三条 家庭应当鼓励未成年人参加与其年龄和身心健康相适应的家务劳动、社区公益服务以及各类积极健康的有益活动，但不得让其从事影响身心健康的劳作和活动。

第二十四条 父母或者其他监护人不得有下列行为：

（一）歧视、侮辱、体罚、殴打、谩骂、虐待、遗弃、买卖未成年人或者溺婴；

（二）放任、迫使义务教育阶段的未成年人失学、辍学；

（三）以牟利为目的允许、放任或者强迫未成年人卖艺或者乞讨；

（四）非法侵占、处分未成年人的财产；

（五）教唆、纵容、包庇未成年人违法犯罪；

（六）强迫未成年人订婚、换亲或者允许、放任、强迫未成年人与异性同居；

（七）放任、强迫未成年人参加迷信活动或者其他邪教活动；

（八）让未满十六周岁的未成年人脱离监护单独居住；

（九）放任或者迫使未成年人离家出走；

（十）剥夺、限制未成年人的人身自由；

（十一）其他不履行对未成年人的监护职责和抚养义务、侵害未成年人合法权益或者影响其健康成长的行为。

第二十五条 父母或者其他监护人应当预防和制止未成年人的下列行为：

（一）吸烟、酗酒、买彩票；

（二）打架斗殴、辱骂他人；

（三）旷课、逃学、沉迷网络、电子游戏；

（四）夜不归宿、离家出走、流浪乞讨；

（五）赌博、偷窃、吸毒、卖淫、嫖娼；

（六）携带管制刀具；

（七）毁损公共设施及其他公私财物；

（八）阅读、观看、收听含有淫秽、暴力、凶杀、恐怖、赌博等不利于未成年人心理健康的图书、报刊、音像制品、电子出版物以及网络信息等；

（九）进入互联网上网服务营业场所、营业性歌舞娱乐场所等不适宜未成年人进入的场所；

（十）其他违背社会公德或者违法的行为。

第二十六条 家庭中的其他成年人应当协助未成年人的父母或者其他监护人教育、保护未成年人。

第二十七条 父母或者其他监护人因外出务工或者其他原因不能履行对未成年人监护职责的，应当委托有监护能力的其他成年人代为监护，并及时将委托监护的情况告知未成年人及其户籍所在地或者经常居住地的未成年人保护委员会、就读学校或者村（居）民委员会。

父母或者其他监护人委托监护时，应当充分考虑受委托监护人的身体健康、家庭环境、经济状况、道德品质、安全保障等基本情况，并听取未成年人的意见。

第二十八条 父母或者其他监护人有遗弃、虐待、强迫结婚及其他严重危害未成年人合法权益的行为的，未成年人父母、近亲属或者其他监护人所在的单位、未成年人住所地的村（居）民委员会或者民政部门可以申请人民法院撤销其监护人资格。被撤销监护资格的父母应当依法继续负担抚养、教育费用。

人民法院另行指定监护人时，应当尊重未成年人的意愿。

第二十九条 父母或者其他监护人应当接受有关国家机关和社会组织提供的家庭教育指导，学习正确的教育和监护方法，以健康思想、良好言行和正确方式教育、影响和保护未成年人。

鼓励社会团体、企业事业组织和村（居）民委员会组织开展家庭教育指导与服务。

第四章 学校保护

第三十条 学校应当建立未成年人保护工作责任制，保持与未成年学生家庭、所在村（居）民委员会和相关单位的联系，共同做好未成年人保护工作。

教育行政主管部门应当将未成年人保护工作纳入对学校的考核范围。

第三十一条 学校、幼儿园、托儿所及其教职员工应当尊重未成年学生的人格尊严，不得有下列行为：

（一）对未成年学生实施侮辱、恐吓、体罚、变相体罚或者其他有损人格尊严及生命健康的行为；

（二）组织未成年学生参加商业性剪彩、奠基、庆典等活动，或者以牟利为目的要求未成年学生从事劳动；

（三）实行有偿家教、有偿补课或者违反国家规定滥收费用；

（四）索要或者变相索要礼品和财物；

（五）强迫、变相强迫推销读物、印制作业等；

（六）在发生突发事件等危急情形下未优先组织未成年学生疏散躲避；

（七）其他侵害未成年学生合法权益的行为。

第三十二条 地方各级人民政府应当保障义务教育阶段未成年学生在户籍所在地、父母或者其他监护人工作、居住地平等接受义务教育。义务教育学校应当坚持免试就近入学原则。

第三十三条 学校应当严格执行国家和地方课程方案要求以及课时、课外作业量、组织未成年学生补课的有关规定。

学校应当保证未成年学生的课外活动时间，组织开展课外文化、体育、科普等活动，保障未成年学生的休息、娱乐，保障每天不少于1小时的体育锻炼。

节假日期间，中小学校的图书馆、体育馆等文化体育设施、互联网上网服务设施等应当向本校未成年学生免费或者优惠开放。

第三十四条 学校应当将涉及公民行为的基本法律原则和具体行为规范纳入教学计划，配备法律教材，开设法律基本知识课程，培养未成年学生的法律意识。

第三十五条 学校应当配备心理健康辅导员，对未成年学生进行生理、心理健康教育，对行为有偏差、心理有障碍的未成年学生及时给予关心和指导。

第三十六条 学校应当规范未成年学生在校园内使用移动通讯工具的时间与空间区域，禁止使用手机等移动通讯工具干扰正常的教学、生活秩序。

学校应当向未成年学生宣传互联网法律法规，教育未成年学生合理、正确使用手机、电脑等上网工具，抵制不良信息的侵害。

学校应当建立防范未成年学生在校期间逃课上网或者进入互联网上网服务营业场所的有关制度。

第三十七条 学校、幼儿园和托儿所的建筑物、构筑物的建设、装修和设备设施的配置必须符合国家或者行业有关安全与质量标准，严格依法验收，并应当建立健全定期检查维修制度。

学校、幼儿园和托儿所应当建立健全饮食安全管理制度，严格执行国家有关食品安全规定，保证未成年人的饮食安全。

学校、幼儿园和托儿所应当依法建立健全校园门卫安全、寄宿学生安全、实验室安全、接送未成年人校车安全、幼儿和低年级学生上学放学交接安全等管理制度，确保未成年人的人身安全。

学校发现未成年学生有逃课、暴力等不良行为或者发生其他涉及未成年人安全情形时应当及时通知其父母或者其他监护人。

第三十八条 学校、幼儿园和托儿所应当向未成年学生普及各类安全常识及应对突发事件的知识与能力，制定各类突发事件的应急预案，组织未成年人进行逃生自救演练。演练每学期不少于一次。

发生突发事件和群体性人身伤害事故时，应当优先保护未成年人的安全。

第三十九条 学校相关设施建设和使用，应当根据未成年男女学生的生理特点区别对待，并应当照顾未成年女学生。

学校与老师在未成年女学生经期内不得安排其超过生理承受强度的体育活动等。

第四十条 学校不得违反国家规定对未完成义务教育的未成年学生实行停课、转学、退学、开除。

因故处分未成年学生的，应当听取未成年学生及监护人的陈述和申辩，并在处分决定中说明是否采纳的理由。未成年学生及监护人对处分决定不服的，可以向学校或者当地教育行政部门提出申诉。教育行政部门应当进行核查，并在10日内给予书面答复和说明理由。

第五章　社会保护

第四十一条　向未成年人开放的活动场所应当符合国家和行业安全标准。未成年人集中活动的公共场所，应当采取相应安全保护措施，并设置提醒保护未成年人人身安全的明显标志。

游乐设施的管理单位应当在设施附近的显著位置标明适用年龄范围或者注意事项等警示标志，加强管理，定期维护。

第四十二条　爱国主义教育基地、图书馆、青少年宫、儿童活动中心应当对未成年人免费开放。

博物馆、纪念馆、科技馆、展览馆、美术馆、文化馆以及影剧院、体育场馆、动物园、公园等场所，应当按照有关规定对未成年人免费或者优惠开放。

县级以上地方各级人民政府及其教育行政部门应当采取措施，鼓励和支持中小学校在节假日期间将文化体育设施对未成年人免费或者优惠开放。

第四十三条　中小学校园及周围二百米范围和居民住宅楼（院）内不得设立互联网上网服务营业场所。

居民住宅区和中小学校园及周围不得设立歌舞娱乐场所、游艺娱乐场所。

中小学校园门口五十米范围内不得摆摊设点和从事妨碍教学秩序或者影响未成年人身心健康的其他营业活动。

第四十四条　歌舞娱乐场所、互联网上网服务营业场所等不适宜未成年人活动的场所，不得接纳未成年人。除国家法定节假日外，游艺娱乐场所设置的电子游戏机不得向未成年人提供。

经营者应当在显著位置设置未成年人禁入或者限入的明显标志。歌舞娱乐场所对难以判明是否已成年的，应当要求其出示身份证等有效证件。互联网上网服务营业场所经营单位应当对身份证等有效证件进行核对、登记，并记录有关上网信息。

第四十五条　严禁非法设立互联网上网服务营业场所，或者擅自从事互联网上网服务经营活动。禁止以电脑学校、劳动职业技术培训班、电子阅览室、计算机房等名义变相经营上网服务的行为。

全社会应当推广家庭用户绿色上网业务，限制未成年人上网范围与上网时间。

第四十六条 禁止任何组织、个人制作或者向未成年人出售、出租或者以其他方式传播淫秽、暴力、凶杀、恐怖、赌博等不利于未成年人心理健康的图书、报刊、音像制品、电子出版物以及网络信息等。

第四十七条 禁止向未成年人提供和出售管制刀具、仿真玩具枪以及其他可能致人严重伤害的器械和物品。对难以判明是否已成年的，应当要求其出示身份证件。

第四十八条 任何组织和个人不得向未成年人出售或者提供烟酒；彩票销售场所不得向未成年人销售彩票和兑付奖金。

烟酒经营及彩票销售场所应当在显著位置设置不向未成年人出售烟酒和彩票的标志。对难以判明是否已成年的，应当要求其出示身份证件。

任何人不得在中小学校、幼儿园、托儿所的教室、宿舍、活动室和其他未成年人集中活动的场所吸烟、饮酒。

第四十九条 禁止任何组织或者个人招用未满十六周岁的未成年人，国家另有规定的除外。

任何组织或者个人按照国家有关规定招用已满十六周岁未满十八周岁的未成年人的，应当严格执行国家在工种、劳动时间、劳动强度和保护措施等方面的规定。

第五十条 任何单位和个人不得组织、胁迫、诱骗、利用未成年人乞讨，不得胁迫或者诱骗未成年人参加商业性的表演、礼仪、选美等活动。

组织未成年人参加表演、礼仪等活动，应当征得其父母或者其他监护人的同意，并不得损害其身心健康。

第五十一条 鼓励和支持社会组织、个人参与发展未成年人福利事业，依法设立未成年人福利机构、救助机构或者救助基金。

第六章　国家机关保护

第五十二条 地方各级人民政府应当将未成年人保护工作纳入国民经济和社会发展总体规划及年度计划，相关经费纳入本级财政预算。

地方各级人民政府应当统筹规划和建设适宜未成年人的文化、体育、科技等活动场所，保障公益性未成年人活动场所建设和日常运营资金。

地方各级人民政府鼓励社会力量兴办适合未成年人活动的文化、体育、科普等场所和设施。

任何单位和个人不得侵占、挪用、损坏、出租、转让未成年人活动场所。因城市建设、旧城改造、住宅新区建设确需占用的，原则上根据规划新建不低于原标准的活动场所和设施。各类社区建设应当配套新建未成年人活动场所。

第五十三条 地方各级人民政府应当积极发展学前教育事业，办好托儿所、幼儿园，支持并监督社会组织和个人依法兴办哺乳室、托儿所、幼儿园。

地方各级人民政府和有关部门应当采取多种形式，培养和培训幼儿园、托儿所的保教人员，提高其职业道德素质和业务能力。

第五十四条 教育行政部门应当合理配置教育资源，建立科学的教育评价制度，推进实施素质教育，并督促检查学校对未成年学生的保护工作。

省司法行政部门应当会同省教育行政部门将编制的小学、中学法律教学内容等纳入中、小学生思想品德与思想政治教育中。

第五十五条 民政部门应当建立健全未成年人救助保护中心、救助管理站等救助保护机构，依法承担救助保护和临时监护职责。

第五十六条 新闻出版主管部门应当加强对图书、报刊、音像制品、电子出版物等文化产品的监督管理，依法严厉查处危害未成年人身心健康的文化产品。

第五十七条 县级以上地方各级人民政府应当建设公益性互联网上网服务场所和设施，定时向未成年人免费或者优惠开放，为未成年人提供安全、健康的上网服务。

公安、文化、新闻出版、通信等主管部门应当加强对网络信息内容以及网络信息服务提供商的监督管理，对不良信息内容进行屏蔽，防止未成年人利用手机、电脑等工具通过互联网接触不良信息。

公安、文化等主管部门对互联网上网服务营业场所、营业性歌舞娱乐场所、游艺娱乐场所等未成年人禁入或者限入的活动场所建立健全视频监管系统和专人巡查制度。

工商行政管理部门应当加强对互联网上网服务营业场所的登记管理，依法确定互联网上网服务营业场所的市场主体资格，查处取缔非法的互联网上网服务营业场所等无照经营活动。

第五十八条 卫生部门和学校应当对未成年人进行卫生保健、健康教育和营养指导，提供必要的卫生保健条件，做好疾病预防工作。

卫生部门应当做好对儿童的预防接种工作，国家免疫规划项目的预防接种实行免费。积极防治儿童常见病、多发病，加强对传染病防治工作的监督管理，加强对幼儿园、托儿所卫生保健的业务指导和监督检查。

第五十九条 工商、质量技术监督、卫生、食品药品监督和城市管理等行政部门应当按照各自职责，依法查处生产销售有害未成年人安全和健康的食品、药品、玩具和游乐设施等违法行为，加强对学校餐饮、建筑物构筑物装饰装修、设备设施和学校周边提供餐饮服务、销售食品、文具、玩具等市场的监督管理。

第六十条 环境保护部门应当加强对学校周边的水、大气、噪音、固体废弃物、放射性物质等污染源进行重点整治。

第六十一条 知识产权管理机构应当依法保护未成年人的智力成果不受侵犯。未成年人依法申请专利的，应当给予指导和帮助，并依法减免有关费用。

第六十二条 公安、交通等行政部门应当加强学校、幼儿园和托儿所周边的道路交通安全管理，在门口以及其他未成年人集中出入的交通道口，设置明显的禁停、警示、让行、限速标志和必要的交通安全保护设施，适当延长行人通过时间。

公安机关应当把学校、幼儿园和托儿所周边地区作为重点治安巡逻、监控区域，建设周边公共视频监控系统和报警系统，及时发现和消除各类治安隐患，预防、制止侵害未成年人人身、财产安全的违法犯罪行为。

公安机关应当在流浪未成年人救助保护中心、救助管理站设立警务室或者报警点，协助管理、教育流浪未成年人。

第六十三条 公安机关、人民检察院、人民法院应当根据未成年人身心发展的规律与特点依法办理未成年人犯罪案件和涉及未成年人权益的案件。严厉打击贩卖、盗抢、伤害婴幼儿的行为。

第七章 特殊保护

第六十四条 本条例对下列对象实施特殊保护：

（一）残疾未成年人；

（二）弃儿、孤儿、流浪乞讨等生活无着未成年人；

（三）留守未成年人；

（四）外来务工人员的未成年子女；

（五）有严重不良行为或者违法犯罪行为的未成年人；

（六）患有艾滋病或者父母患有艾滋病、服刑劳教人员子女等未成年人。

第六十五条 任何组织和个人应当尊重残疾未成年人的人格尊严，不得歧视、侮辱、虐待、伤害、遗弃残疾未成年人。严禁组织、利用残疾未成年人开展营利性活动。

地方各级人民政府应当根据需要，建立为残疾未成年人提供学习、生活、康复、医疗的教育和福利机构，设置实施特殊教育的学校或者在普通学校附设特殊教育班，对残疾未成年人实施义务教育。

对可以进入普通学校学习的残疾未成年人，普通学校应当予以招录。

第六十六条 对被拐骗、离家出走和流浪乞讨等生活无着的未成年人，各级民政部门设立的流浪未成年人救助保护中心、救助管理站应当实施救助保护，分别情况妥善处理：

（一）对能查找到家庭基本情况有监护人的，及时通知其监护人接回；

（二）对能查找到家庭基本情况但无监护人的，及时通知流出地民政部门接回妥善安置；

（三）对无法查找到家庭基本情况和无家可归的，流入地民政部门应当妥善安置；对没有亲属和其他监护人抚养的弃婴、孤儿，经依法公告后由民政部门设立的儿童福利机构收留抚养。

公安、民政、卫生等相关部门应当建立区域救助协作机制，确保接送、护送流浪乞讨、离家出走的未成年人到救助场所，并及时通知其父母或者其他监护人领回。对其中危重病人、精神病人和传染病人应当先救治后救助。

第六十七条 父母应当关心留守未成年子女的生活、学习和身心健康，并提供必要的生活保障；应当与学校、留守未成年子女和受委托监护人保持经常联系。

县级人民政府应当统筹规划本行政区域内留守未成年子女的教育和监护服务工作，可以在留守未成年子女集中的乡镇建立托管机构或者寄宿制学校。

未成年人保护委员会、学校和社会团体、群众组织应当开展对留守未成年人的生活关爱、心理疏导、情感沟通等活动。

第六十八条 地方各级人民政府及其有关部门应当采取措施，解决外来务工人员未成年子女在生活、学习、医疗等方面的困难，保障其合法权益。

地方各级人民政府及其教育行政部门应当将外来务工人员未成年子女的义务教育纳入当地教育发展规划，列入教育经费预算，以全日制公办中小学为主接收外来务工人员未成年子女入学，保障其平等地接受义务教育。

第六十九条 对有不良行为或者违法犯罪的未成年人，应当实行教育、感化、挽救的方针，坚持教育为主、惩罚为辅。

第七十条 国家机关、社会、学校和家庭应当在合理的范围内采取措施保护患有艾滋病或者父母患有艾滋病、服刑劳教人员子女等未成年人的身心健康，为其成长提供良好的社会环境。

第七十一条 省人民政府应当根据需要规划、设置专门学校，并将其纳入普通学校序列。专门学校所需经费纳入财政预算，教育行政部门对专门学校的教育和管理提供指导。

未成年人有严重不良行为的，学校与其父母或者其他监护人无力管教或者管教无效的，可以由其父母、其他监护人或者所在学校申请，经教育行政部门批准，送专门学校接受义务教育和矫治。

未成年学生被送到专门学校后，原就读学校应当为其保留学籍，其专门学校学习经历不记入个人档案。专门学校学生在复学、升学、就业等方面与普通学校学生享有同等权利，任何单位和个人不得歧视。

专门学校应当保证未成年学生完成义务教育，开展心理辅导，矫治不良行为，并根据需要进行劳动技术教育和职业技能培训。

第七十二条 对有不良行为的未成年人，家庭、学校、村（居）民委员会和有关部门应当协同管理、协同教育、协同矫治。

第八章 法律责任

第七十三条 违反本条例规定，侵害未成年人的合法权益，其他法律、法规已规定行政处罚的，从其规定；造成人身财产损失或者其他损害的，依法承担民事责任；构成犯罪的，依法追究刑事责任。

第七十四条 父母或者其他监护人不依法履行监护职责，或者侵害未成年人合法权益的，可以由其所在单位或者村（居）民委员会、未成年人保护委员会予以劝诫、制止，或者由公安机关予以训诫，责令严加管教；构成违反治安管理行为的，由公安机关依法给予行政处罚；构成犯罪的，依法追究刑事责任。

第七十五条 学校侵害未成年人合法权益的，由教育行政部门或者其他有关部门责令改正；情节严重的，对直接负责的主管人员和其他直接责任人员依法给予处分。造成民事损害的，应当依法赔偿；违反治安管理的，由公安机关依法给予行政处罚；构成犯罪的，依法追究刑事责任。

学校不履行安全管理和安全教育职责，对重大安全隐患未及时采取措施的，有关主管部门应当责令其限期改正；拒不改正或者有下列情形之一的，教育行政部门应当对学校负责人和其他直接责任人员给予行政处分；构成犯罪的，依法追究刑事责任：

（一）发生重大安全事故、造成学生伤亡的；

（二）发生事故后未及时采取适当措施、造成严重后果的；

（三）瞒报、谎报或者缓报重大事故的；

（四）妨碍事故调查或者提供虚假情况的；

（五）拒绝或者不配合有关部门依法实施安全监督管理职责的。

第七十六条 违反本条例第四十三条第一款和第二款规定的，由主管部门依法给予行政处罚。

违反本条例第四十三条第三款规定的，由主管部门责令改正，情节严重的，依法给予行政处罚。

第七十七条 营业性电子游戏场所未在入口及其他显著位置设置未成年人限入标志的，由文化行政主管部门责令改正，给予警告；拒不改正的，处以一百元以上一千元以下罚款。营业性歌舞娱乐场所、互联网上网服务营业场所未在入口及其他显著位置设置未成年人禁入标志的，由文化行政主管部门责令改正，给予警告，可以并处一千元以上一万以下罚款。

第七十八条 营业性歌舞娱乐场所、互联网上网服务营业场所、营业性电子游戏场所违法接纳未成年人的，文化行政主管部门按照以下规定予以处罚，并对其直接负责的主管人员和其他直接责任人员处以五百元以上一千元以下罚款：

（一）营业性歌舞娱乐场所接纳未成年人进入的，没收违法所得，并处以一万元以上三万元以下罚款；情节严重的，责令停业整顿一个月至六个月；

（二）互联网上网服务营业场所接纳未成年人进入的，处以一千元以上一万元以下罚款；一次接纳两名未成年人或者一年内累计接纳未成年人两次，并处责令停业整顿一个月至六个月；一次接纳三名以上未成年人或者一年内累计接纳未成年人三次、因接纳未成年人引发重大恶性案件等严重情节，并处吊销《网络文化经营许可证》；

（三）营业性电子游戏场所在国家法定节假日外接纳未成年人的，依法没收违法所得，并处以一千元以上一万元以下罚款；情节严重的，责令停业整顿三个月。

第七十九条 出版、播映或者以其他方式传播不适宜未成年人阅读、观看的图书、报刊、影视节目、音像制品、电子出版物及网络信息，没有在醒目位置标识警示说明的，由文化行政主管部门、新闻出版、广播电影电视等主管部门依法予以查处。

第八十条 组织、教唆、胁迫未成年人乞讨的，由公安机关依法查处。以暴力、胁迫手段组织不满十四周岁或者残疾未成年人乞讨的，依法追究刑事责任。

胁迫、诱骗未成年人进行残忍、恐怖、色情表演的，由公安机关、工商行政主管部门依照职责分别责令停业整顿，对直接负责的主管人员和其他直接责任人员由公安机关依法给予处罚；构成犯罪的，依法追究刑事责任。

第八十一条 烟酒、彩票销售场所未在显著位置设置不向未成年人出售烟酒、彩票标志的，由烟草、酒类、民政、体育行政主管部门依照法定职责责令改正，并处以一百元以上一千元以下的罚款。

向未成年人出售烟酒的，由烟草专卖行政主管部门、酒类行政主管部门依照法定职责处以二百元以上二千元以下罚款。

彩票发行机构、彩票销售机构向未成年人销售彩票的，由财政部门责令改正，有违法所得的，没收违法所得，对直接负责的主管人员和其他直接责任人员，依法给予处分。彩票代销者向未成年人出售彩票的，由民政部门、体育行政部门责令改正，处二千元以上一万元以下罚款，有违法所得的，没收违法所得。

第八十二条 社会团体及其工作人员侵害未成年人合法权益或者不履行保护未成年人相关义务的，由相关行政主管部门或者其他有关部门责令改正；情节严重的，对直接负责的主管人员和其他直接责任人员依法给予处分。造成民事损害的，应当依法赔偿；违反治安管理的行为，由公安机关对违法行为人依法给予行政处罚；构成犯罪的，依法追究刑事责任。

第八十三条 行政机关、司法机关以及未成年人保护机构的工作人员有以下情形的，相关部门应当实施行政问责，由其所在单位或者上级机关责令改正；情节严重的，由其主管部门或者监察部门对直接负责的主管人员和其他直接责任人员给予行政处分；构成犯罪的，依法追究刑事责任：

（一）批准不符合法定设立条件的对未成年人成长有影响的娱乐性场所和其他商业性机构；

（二）发现违法行为或者接到举报、通报不及时查处或者不予依法查处的；

（三）为违法经营场所通风报信的；

（四）其他滥用职权、玩忽职守、徇私舞弊的行为。

第九章　附　　则

第八十四条 本条例自2012年1月1日起施行。

［政策与精神］

深化改革　强化指导　推进未成年人案件综合审判工作更好发展

——在全国法院未成年人案件综合审判庭试点工作座谈会上的讲话

张　军*

（2011年4月18日）

今天，我们在福建省三明市召开全国法院未成年人案件综合审判庭试点工作座谈会。这次会议的主要任务是：认真学习贯彻十一届全国人大四次会议、党的十七届五中全会和全国政法工作会议精神，切实贯彻落实王胜俊院长提出的“坚持、完善、改革、发展”少年法庭工作八字方针，总结、分析开展未成年人案件综合审判庭试点工作的主要成绩和问题，增进试点法院之间的沟通与交流，推动试点工作实践创新、深化发展，大力促进全国法院未成年人案件审判工作开创新局面。

一、未成年人案件审判和试点工作的总体情况与主要成绩

自1984年少年法庭创建以来，我国未成年人案件审判工作科学发展、不断进步。近年，未成年人犯罪发案先扬后抑，已出现总体下降的趋势。2007年全国法院判处未成年罪犯87506人，2008年判处88914人，同比增长1.58%；2009年判处77604人，同比下降12.7%，是1997年以来的首次下

* 最高人民法院党组副书记、副院长。

降。2010年判处68193人，同比又大幅下降12.13%，其中，抢劫罪下降18.71%，盗窃罪下降17.14%，故意杀人罪下降15.82%。2009年和2010年未成年罪犯重新犯罪率分别为2.44%和2.61%，比同期全部刑事罪犯低4.35和4.11个百分点。与此同时，少年法庭受理的案件已由过去单纯的刑事案件扩大到包括涉及未成年人权益保护的民事、行政案件。2007年，人民法院受理的涉及未成年人的抚养费纠纷案件为24446件，2008年达到27021件，上升10.53%。虽然2009年和2010年有所下降，分别为25626件和24020件，但总量仍然较大。探望权纠纷案件增幅明显，2007年至2010年，分别为1617件、1847件、1856件和2036件，年均增长7.98%。在人民法院和社会各界的共同努力下，未成年人犯罪预防和教育、感化、挽救工作取得明显成效，未成年人民事权益的司法保护不断拓展，未成年人案件审判工作机制不断创新，机构建设取得突破，队伍建设继续加强，影响不断扩大，意义更加深远。

（一）制度建设取得进展

2006年8月，最高人民法院下发《关于在全国部分中级人民法院开展独立建制的未成年人案件综合审判庭试点工作的通知》，决定在全国17个中级人民法院开展未成年人案件综合审判庭试点工作。少年法庭在制度建设、审判职能、机构设置、队伍建设等方面都有了新的提升和发展。各试点法院及时制定了符合少年审判实际、操作性强的审判管理制度，明确了少年法庭的工作职能和受案范围，规范了未成年人案件的立案程序。目前，各试点法院均为少年法庭受理的案件统一编制了单独的“少”字案号，并就开展未成年人刑事、民事审判工作制定了专门的操作规程，特别是对未成年人民事案件审判工作，在缺乏经验借鉴的情况下，试点法院“摸着石头过河”，在探索中积累经验，在实践中完善制度，为试点工作取得良好成效提供了有效的制度保障。

（二）队伍建设有所加强

17个试点中级人民法院，在较短的时间内，不仅建起了独立建制的少年审判庭，在人力、物力、财力都比较紧张的情况下，还特事特办，积极从其他业务部门抽调政治素质高、业务能力强的审判人员充实到少年法庭，并促进、带动了辖区法院少年审判机构的建立和完善，广州、乌鲁木齐、三明、曲靖、苏州、成都、青岛、石家庄、南昌、阳泉市和上海市第一中级人民法院等11个试点单位所辖基层法院全部建立了少年审判机构，产生了“设立一个少年法庭，影响、带动一整片”的良好辐射效应。到2010年末，17个试点中级人民法院少年法庭共有审判人员、书记员179人，平均每个少年法庭10人，最多的有17人。所有试点中级人民法院都配备了熟悉民事审判业务的副庭长。一些中级人民法院少年法庭还有了自己的博士、硕士高学历法官。一些经济欠发达地区中级人民法院在办公经费很紧张的情况下仍挤出经费，为少年法庭配备了专用法庭、交通工具、电脑等设备，为试点工作的顺利开展奠定了良好的基础。

（三）审判机制创新发展

2007 年 1 月以来，各试点法院积极探索适合未成年人特点的审理、执行方式，进一步完善少年审判工作机制，提高了工作的针对性和实效性。主要体现在九个方面：一是坚持“寓教于审”制度，注重对未成年被告人的法庭教育，对犯罪的未成年人予以适当惩戒的同时，强化对未成年被告人的教育和引导；二是实行社会调查报告制度，对未成年被告人进行庭前社会调查，使少年审判工作更具针对性和科学性；三是试行未成年人轻罪犯罪记录消灭制度，直接推动《刑法修正案（八）》有关未成年人轻罪免除报告制度的完善，促使轻罪未成年人顺利回归社会；四是推行“圆桌审判”方式，营造宽松的庭审氛围，使未成年被告人更容易接受裁判惩处；五是引入“心理干预机制”，加强对未成年当事人的心理矫正和疏导，为法院裁判提供科学参考，为判后有针对性的矫治提供客观依据；六是落实“宽严相济”刑事政策，积极探索“刑事和解”的可能和途径，对符合适用非监禁刑条件的，依法适用非监禁刑；七是探索未成年人刑事案件“量刑规范化”，避免对未成年被告人量刑失衡，切实维护未成年被告人的合法权益，保证改造效果；八是建立健全帮教工作机制，协助未成年犯管教所和社区矫正部门做好帮教工作，促使未成年犯真诚接受教育改造；九是拓展未成年人民事和行政案件审判领域，引入、创建“社会观护员”和“诉讼教育引导”等制度，创造性地提出“积极、优先、亲和、关怀”的司法理念等等。上述审判工作机制和理念创新虽然还未在每一个综合审判庭工作中都得到体现，但是代表了未成年人案件综合审判工作的发展、未来和方向，完全符合立法精神，符合未成年人身心特点和健康成长的需要，获得了社会各界的广泛赞誉。

（四）示范效应影响深远

试点工作启动后，各高级人民法院对这项工作高度重视，积极开展调研，进行专门研讨，出台指导性意见等，形成上下紧密配合、协调联动的工作格局。山东省高级人民法院抓住试点工作契机，指定若干中级人民法院开展同步试点，推动全省少年法庭工作全面发展；江苏、河南、黑龙江等省也有多个中级人民法院有序自行开展试点工作。福建、重庆、陕西、广东、辽宁、安徽等十余省、市还向最高人民法院请示，要求将本地区具备条件的中级人民法院纳入试点范围；一些中级人民法院取得党委、政府支持，解决了少年法庭的建制问题。试点工作的显著成效和不断扩大的影响力，有力推动了全国法院少年法庭机构建设和完善。

（五）综合成效十分明显

试点工作开展以来，试点中级人民法院及所辖基层法院少年法庭工作的整体水平明显提升，综合成效显著。北京、三明、洛阳、佳木斯、石家庄、乌鲁木齐等试点中级人民法院少年法庭有的被评为“未成年人思想道德先进集体”，有的被授予“优秀青少年维权岗”称号；曲靖、阳泉、南昌、苏州等试点中级人民法院少年法庭在制度创新方面取得不俗的成绩，得到了当地党委、政府和社会的一致好评；上海、广州、青岛、成都等试点中级人民法院加强了对少年法庭工作的调研，总结推广试点工作中好的经验和做法，有的还创办了专门刊物，指导少年法庭工作；有的试点中级人民法院充分利用新闻媒体和网络对少年法庭工作中的亮点和涌现出的先进集体、个人进行广泛宣传，尚秀云、李其宏等优秀法官的先进事迹产生了强烈的社会反响，社会各界对人民法院审判工作的认同感进一步增强。

二、试点工作存在的主要问题

试点工作虽然取得了一定成绩，但面临新形势、新任务，尚有许多发展中的问题必须引起高度重视，切实加以解决。

（一）有关法律、制度还须健全、完善

目前，《刑法》及《刑事诉讼法》、《民法通则》及《民事诉讼法》等法律虽然都对未成年人犯罪案件及刑事、民事案件的诉讼程序作了特殊规定，但都较为原则，尚未形成完整的体系。《未成年人保护法》和《预防未成年人犯罪法》虽然是专门的未成年人保护立法，但不属于操作规则，少年法庭法定制度和工作机制建设尚属短板。一些试点法院在少年审判方式改革实践中，探索出一些预防、减少和矫正未成年人犯罪的有效做法，因缺乏明确法律依据而难以在更大范围推广。因此，推动、促进未成年人案件审判实体、程序法律以及与未成年人司法工作相配套的社会辅助工作规范建设，已是当务之急。我们要认真总结司法经验，向立法机关积极建议制定和完善相应的法律法规，有关司法解释工作也要及时跟进。这次会议提供的三个司法解释讨论稿，是大家共同努力的阶段性成果。

（二）上下级法院审判业务还须更紧密衔接

有的试点中级人民法院的未成年人民事二审案件还不能全部移送少年法庭审理，有的试点法院未成年人案件上诉到高级人民法院后，因高级人民法院将少年法庭指导工作确定在不同庭、室，造成多头指导或者缺乏指导。推动解决少年审判工作日常指导和业务衔接不尽协调的问题已提上日程，需要各高级人民法院在内部分工上重视科学解决。未成年人案件综合审判，需要综合业务指导，适宜由研究室担负起此项职责。

（三）少年审判绩效考核机制还有待完善

当前，大多数试点法院还没有形成有效反映少年法庭工作特点和情况的考核机制。我们知道，少年法庭的工作不仅仅是坐堂问案，而且还要做大量的判后跟踪帮教和回访，深入学校、社区进行法制宣传教育等社会治安综合治理工作。可以说，少年法庭的优秀法官必须同时也是一名优秀的社会工作者。少年法庭法官大量的庭审以外的延伸工作，非常重要，更需要司法能力强的优秀法官以奉献精神去尽力做好。各地法院要根据本地区少年法庭工作实际，本着审判管理不断创新的精神，着力改变单纯以办案数量为标准的考核模式，抓紧制定适合少年法庭工作特点的、科学合理的考核办法，激励少年法庭审判人员把法庭以外的少年司法工作做得更好。

（四）少年审判专业化程度还有待进一步提高

少年审判涉及的案件类型多，法律领域宽，除了审理刑事案件外，还审理民事、行政案件，知识面要求更广，并要具备一定的社会学、教育学、心理学、犯罪学等相关知识。这就对少年法庭的法官提出了更高的要求。各级人民法院要加强少年法庭法官的选配和使用工作，并加大对少年法庭法官的业务培训力度，使培训工作常态化、制度化、精细化。最高人民法院和高级人民法院每年至少要组织一次少年法庭法官业务培训，中级人民法院和基层法院也应当以多种形式定期开展少年法庭法官的业务培训，努力提升少年法庭法官的整体和综合素质。

（五）试点法院工作发展不够平衡

总体来看，大多数试点法院的工作开展情况良好。有的试点法院少年审判工作起步早、起点高、发展快，始终走在少年审判工作的前列。有的试点法院虽然基础条件较差，但干劲很足，也取得了骄人的成绩，值得肯定。工作发展相对迟缓的试点法院，主要还是领导的认识没有跟上。有效解决的办法，必须解决法院领导的认识问题。

三、进一步做好少年法庭工作的几点意见

（一）统一思想，提高认识，进一步增强做好少年法庭工作的责任感和使命感

未成年人是国家和民族的未来与希望。2011 年 2 月 19 日，胡锦涛总书记在省部级主要领导干部社会管理及其创新专题研讨班上发表重要讲话，深刻指出，当前我国既处于发展的重要战略机遇期，又处于社会矛盾凸显期。要紧紧围绕全面建设小康社会的总目标，牢牢把握最大限度激发社会活力、

应当有民事法官参与，使“综合审判”的效应得到充分实现，使综合保护未成年人合法权益的效果最大化。未成年人案件综合审判庭的每一名法官，也都要努力成为一专多能的复合型法官，以真正胜任未成年人案件审判工作的“综合性”要求。从各地法院经验介绍看，不少法院都有自己的工作特点，实践中已取得良好效果。要坚持我们共同的经验：在遵循少年司法规律的前提下，积极探索我国未成年人刑事、民事、行政特色审判制度，突出横向协调、内外互动工作机制，充分发挥少年法庭的综合职能作用。

四要找准问题，有的放矢。各地法院要准确把握少年审判改革的形势和要求，正确研判工作中的问题和不足：是思想认识不到位还是协调能力不足；是机构设置不合理还是制度建设不健全；是队伍建设不达标还是配套机制不完善；是改革探索不深入还是工作保障不充分，等等。我看了几个法院的工作总结、经验介绍，大家提到的工作中的问题和建议，大都涉及这些方面。只有找准问题，才能做到有的放矢，增强信心，坚定决心，确保少年法庭工作正确的发展方向。

还要特别指出，少年审判队伍必须相对稳定。今后，试点法院少年审判庭如果确有必要调整、调出人员时，除提拔重用的以外，改做其他工作的，应当征求上级法院少年法庭或者少年法庭工作办公室的意见。少年案件审判之所以单独建制、专门审理，就是因为其专业性强，要求审判人员有更丰富的经验，有更强的事业心。人员流动性大，无疑违背了少年审判的工作规律。

（三）争取支持，形成合力，进一步扩大少年法庭的覆盖面和影响力

一要加强协调，相互配合。各地法院要在党委政法委的领导、协调下，加强与公安、检察、司法行政等部门的工作沟通与联系，大力推动建立和完善“政法一条龙”工作机制，促进形成有效预防和减少未成年人违法犯罪的合力。2010 年 8 月，最高人民法院和中央综治委、最高人民检察院、公安部、司法部、共青团中央等六个部门共同制定出台了《关于进一步建立和完善办理未成年人刑事案件配套工作体系的若干意见》，这是促进未成年人司法配套工作体系建设，形成工作合力的重要举措。各地法院要紧紧依靠党委领导，拿出工作意见和方案，积极主动沟通公安、检察、司法行政等机关，把以上意见落到实处。对未成年人刑事案件的民事赔偿，目前没有统一的司法标准。实践中，要更加注重未成年人案件附带民事部分的调解。要依法认可、支持、鼓励公安、检察机关在侦查、起诉阶段的刑事和解工作，形成合力，既巩固、扩大民事赔偿工作效果，也使刑事案件的处理更有利于作出符合未成年人身心发展特点的裁判。2010 年 10 月，共青团中央、最高人民法

院等中央14个部门会签了《创建“青少年维权岗”活动指导意见》，人民法院要与工会、共青团、妇联、教育等有关职能部门、社会组织和团体协调合作，积极建立和完善“社会一条龙”工作机制，努力推动社会力量，促进未成年罪犯安置、帮教措施的落实，确保未成年人民事和行政案件得到妥善处理，推动涉诉未成年人救助制度的建立和完善；要充分发挥“青少年维权岗”贴近青少年的优势，组织开展“青少年维权岗”进社区、乡村活动，就近就便做好青少年权益司法保护工作。

二要抓住机遇，锐意进取。中央和最高人民法院对少年审判工作高度重视，周永康同志在中央政法工作会议上强调，要积极推进包括少年司法工作在内的社会管理创新，以巩固国家的长治久安。王胜俊院长在2009年听取少年法庭工作汇报时也提出，“当前和今后一个时期，少年法庭工作只能加强，不能削弱”，并要求切实加强对少年审判工作的指导和相关法律问题的研究。2010年7月，最高人民法院出台了《关于进一步加强少年法庭工作的意见》，从思想认识、组织领导、队伍建设、特色制度、改革探索、配套机制、考核保障等7个方面对少年法庭工作科学发展提出了目标，指明了方向。各级人民法院要抓住机遇，以少年审判改革为推进社会管理创新的切入点，努力在少年法庭工作制度创新、队伍管理和机构建设等方面有新的建树。要准确把握时代脉搏和人民群众对少年审判工作的新期待、新要求，不断深化试点工作，由点到面，逐步展开，在扩大少年法庭工作的覆盖面和影响力方面下更大功夫。

三要整合资源，注重调研。加强少年司法理论研究，用科学的理论指导少年审判工作实践，关系到少年司法事业的兴衰成败。2010年，最高人民法院依托河南省高级人民法院成立了中国法学会审判理论研究会少年审判专业委员会，并成功举办了首届全国少年审判论坛。近些年来，关注和热衷少年司法理论研究的专家学者越来越多。广大法官要加强同他们的联系与协作，充分发挥各自的实践和理论资源优势，努力形成理论研究的整体合力。有条件的法院，可以通过课题招标、建立研究基地等形式，进一步拓展和创新社会化研究平台和机制，通过开展协同调研、联合攻关，促进研究成果的深化、交流与共享，不断推动少年审判理论创新与实践创新。2011年，立法机关已着手《刑事诉讼法》的修改工作，未成年人犯罪诉讼程序将作为一个独立专章予以规定，现正在调研论证中。各级人民法院要大力配合，增强科学论证和理论说服力度，适时向立法机关提出切实可行的少年审判制度改革的意见和建议。当前，要特别注意对少年审判制度特殊性和发展规律的理论研究，以及今后在我国设立少年法院的必要性、可行性的理论研究。要以科学的态度、开阔的胸襟和开放的理念，认真研究分析少年司法制度产生百余年来的理论和实践成果，密切关注世界各国少年司法实践和理论发展的最新趋势，大胆借鉴适合我国现实国情、有利于维护未成年人合法权益、有效防控未成年人违法犯罪的法学理论、司法程序和工作机制。

同志们，少年审判是一项常抓常新、大有发展前途的事业，少年审判法官任重而道远。我们要始终保持百折不挠的精神，在少年审判工作深化上下功夫，在少年司法制度创新上求突破，在少年综合审判实践中谋发展。我们相信，在党中央和最高人民法院党组的正确领导下，在人大的监督、政府各职能部门和社会各界的大力支持下，在全国法院少年法庭法官的共同努力下，人民法院少年审判工作必将取得更大的成绩！

关于落实未成年人案件综合审判庭试点工作座谈会会议精神的几个问题

张　军*

各级法院要结合本地实际、充分发挥主观能动性，把会议要求落实到位，努力做好少年法庭工作的五个关键问题。

一要健全机构。机构如果不健全、不完善，少年案件综合审判就是一句空话。要发挥中央和地方两个积极性，促进和完善未成年人审判机构建设：最高人民法院积极推进工作，总结、推广大家创造的成绩，使中央各有关部门更加了解、认同少年法庭工作真正是事关国家和民族未来的；地方法院的院长和主管院长更要关注、推动少年法庭工作，加大协调公关的力度。这就是少年法庭工作的特色：有统一的规定，但各地都有特殊的做法，如果地方这个积极性能发挥好，无疑能很好地解决本地问题。少年法庭工作的宣传还不够，很多方面的实际工作做得也还不够。少年案件综合审判机构最终要靠法院自己做出成绩去建设，也就是要靠法院自己去“批准”。凡是建立了未

---

* 最高人民法院党组副书记、副院长。

成年人案件综合审判庭的地方，包括自主扩大试点的地方，这些地方的高级法院都应当把少年法庭指导小组办公室设在研究室，如果还有设在刑事审判庭的，那就是滞后。因为只是刑事的优长，无法进行综合指导，无法充分发挥好民事、行政方面的指导作用。研究室是综合审判业务部门，从上下对口，便于沟通协调指导工作上讲，应当将少年法庭指导小组办公室设在研究室。尚未把少年法庭指导小组办公室设在研究室的高级法院与会领导，会后务必向院党组汇报，把道理讲清楚，加强沟通协调，逐步将此项科学管理的工作要求落实到位。

二要配好人员。少年法庭工作需要复合型人才。首先，少年法庭指导小组的领导、未成年人案件综合审判庭的庭长要选好调入合格的、有潜力的综合型、复合型法官，同时还要是热爱少年法庭工作的法官，要善于发现、了解、发掘这方面的人才。其次，少年审判队伍必须相对稳定。今后，试点法院少年审判庭如果确有必要调整、调出人员，应当征求上级法院的意见，中级法院试点法庭、主管院长要做好本院和上级法院的沟通工作，想方设法留住人才。要对少年法庭的法官在晋职、晋级问题上有一定的政策倾斜。少年法庭是一个特殊的审判机构，做特殊的审判工作。这项工作不是只具备某一个专业知识的人员就能够胜任的。要把少年法庭工作的特殊性讲清楚，把少年审判的事迹宣传好，职级问题才会被认同，才容易解决。少年法庭的宣传工作要有针对性，要从讲政治的高度和关心祖国未来、自己下一代的角度，说明少年审判工作的重要性。少年审判是党委、国内外、社会和广大人民群众最看重的人民法院工作的一个亮点，是怎么宣传，怎么去做都几乎不会有负面作用的一项审判工作。要通过有效的宣传，引起重视，扩大效应，为少年审判队伍建设奠定良好基础，争取更多认同。让少年审判涌现出更多的英模，为国家、社会持续和谐、稳定发展提供坚实基础，这一点应该实实在在的宣传。要把人员选调和人员稳定作为少年法庭工作的一项最基础的事业来抓。

三要明确案件。有机构和人员，如果没有案件，这个机构是巩固不住的，人员也是留不住的。案件是最根本的，正如王胜俊院长强调的“执法办案是各级人民法院的第一要务”。如果没有案件，或者案件很少，就不可能为少年案件审判庭增加人员，配置、调入优秀人才。案源是少年法庭工作必须重视的软件，也是硬件。凡是涉少刑事、民事、行政案件都审理的综合审判庭，上下级法院都应当协调同步，都应当将涉少刑事、民事、行政案件分配给少年案件综合审判庭去管辖，这是少年法庭设置、发展和巩固的核心。最高人民法院少年法庭指导小组和少年法庭工作办公室要把综合审判庭民事、行政案件受案范围的划定问题当作一项重要的事业去建设。最高人民法院少年法庭工作办公室要抓紧开展调研工作，征求最高人民法院民事审判庭、行政审判庭的意见和分管院领导的意见，根据各地试点经验尽快划定综合审判庭民事、行政案件的受案范围，统一后更有力地推动落实。各地已经纳入综合审判庭受案范围的案件要总结审判经验，切实巩固、做好，确有必要的再进一步扩大。要把应该由少年法庭管辖的刑事、民事、行政案件逐步落实到位，最高人民法院要牵头把这项工作抓实、抓好。

四要加强管理。首先，少年案件审判管理要体现综合审判特色，这是一项新课题，需要不断摸索和创设。少年审判工作要由具备刑事、民事、行政法律专业知识、熟悉少年审判特点的复合型法官来做，要求法官的政策、法律水平和对审判事业的热爱都要有一个更高的层次。具体来讲就是，要求审理刑事案件时考虑涉案民事、行政方面的法律关系如何解决；审理行政案件时考虑民事法律关系如何维护，如何预防违法犯罪。要体现综合审判特色。这个管理是第一位的。各级法院主管院领导、审判庭的庭长要加强这方面的工作。其次，绩效考评办法很难由最高人民法院统一规范。因为每一个法院，甚至每一个审判庭的具体管理都可以、也需要有不同的特点和做法，因此要靠每个法院的自我管理，要靠分管院长在本院审判管理绩效考评工作中把工作特点讲清楚，把工作难度讲清楚，把加班加点的情况生动地汇报清楚，使少年法庭工作的成绩能够得到认可。最高人民法院少年法庭工作办公室要把管理得好，积极性调动得充分，业绩做得好的法院的管理方式、绩效考评办法收集起来，总结分析，把最适合推广的两三个法院的做法编印成册或者制成光盘，分发到全国少年法庭及其所在法院，由上级法院组织推广，各地法院参照学习。各级法院要通过科学的管理，调动少年法庭工作人员的积极性，使他们的业绩得到肯定，激励他们做得更好。

五要总结经验。少年审判事业是党、国家和民族的朝阳事业，属于开拓型的事业，没有先例可循。必须作好总结，才能少走弯路，把工作做得更加顺畅。首先，是上级法院的总结，诸如经验交流会、座谈会就是总结。上级法院创造平台推广好的经验，增进各地法院之间的沟通交流，学习借鉴，加强创新规范，最终形成制度。少年案件审判的经验现在更多的是通过个案总结归纳出来的感性认识，最终需要上升为理论制度，需要摸索出一套未成年人案件的审判规律。其次，少年案件审判庭要主动、自觉地向其他法院少年法庭学习，从境外、国外的实践做法、理论中去探寻适合自己的做法、理念和制度规范，这也是总结。少年案件审判工作的英模要更多地将自己所做具体工作的效果、感受总结出一些理论，探寻出一些规律，让更多的地方和法官理解、运用，使之成为指导全国少年法庭工作的理论和规律。这项工作是更高层次的创造，需要自己去做，更需要上级法院的关注、指导和督促。总之，少年案件综合审判工作是一项实践性很强的工作，是一项需要在理论上加以探索、创新、寻求规律的工作，要靠大家实践总结，归纳升华。推动这项工作的发展，要靠大家共同创造的业绩。如果没有机构、人员基础的建设，案件分配上的科学管辖，管理上的经验总结和提升，就不可能作出业绩。为了孩子，需要拼搏；为了孩子，需要忍一时之重，忍一时之委屈。为了孩子的未来，国家和民族的未来，少年审判事业的未来，少年审判法官和领导需要去闯、需要去创！要切实做好我们共同的朝阳事业——少年法庭工作，让党放心，让人民满意。

在全国法院未成年人案件综合审判庭试点工作座谈会上的总结讲话（节录）

胡云腾*

一、本次会议取得了预期效果

在本次会议上，张军副院长作了重要讲话，17 个试点中院和 4 个非试点中院书面汇报了试点工作情况，7 个试点中院还作了大会交流，与会代表对张军副院长的重要讲话和提交会议讨论的三个文件，进行了认真讨论。会议时间紧凑，内容丰富，针对性强，互动性好，取得了三个明显的效果。

一是与会代表通过聆听张军副院长的重要讲话和相互交流讨论，全面地了解、掌握了全国法院未成年人案件审判工作的基本情况，进一步明确了中央领导同志、王胜俊院长和最高人民法院对未成年人司法工作的高度重视和最新要求，认清了全国法院少年法庭工作存在的具体问题与挑战，对做好全国法院少年法庭工作的重要性以及如何开展少年审判工作，认识更加清醒，理解更加深刻。

* 最高人民法院研究室主任、少年法庭指导小组副组长。

二是认真总结、交流了试点工作的成绩和经验。通过领导讲话、会议文件和现场交流，会议客观地回顾、总结并展示了全国法院少年法庭试点工作取得的成绩和成果，共同分享了许多法院推进少年司法改革和审判工作的新鲜经验，深入研讨了今后少年法庭工作的重点与热点问题，大家感到深受启发，信心大增。

三是会议具体部署了下一阶段的少年法庭工作。会议认为，张军副院长的重要讲话，不仅系统总结了试点工作开展的总体情况和取得的主要成绩，科学分析了试点工作面临的新形势、新任务和新挑战，而且具体部署了今后一个时期少年法庭工作的各项要求和工作措施。讲话完全贯彻了党和国家高度重视保护未成年人合法权益的方针、政策，体现了中央和最高人民法院关于少年法庭工作的部署和要求，对于我们坚持少年法庭工作的正确方向，明晰下一步的工作思路，推进少年法庭工作的科学发展和制度创新，具有十分重要的指导作用。

二、贯彻会议精神必须狠抓落实

本次会议是在最高人民法院严格控制开会的情况下召开的，也是在全国法院的审判、执行工作已经进入繁忙季节召开的，这充分说明最高人民法院和地方法院对少年法庭工作的高度重视和大力支持。为了把本次会议取得的丰硕成果转化为实践成效，把大家创造的宝贵经验转化为实际行动，不辜负党和人民对少年法庭工作的希望，不虚大家的三明之行，我就狠抓落实本次会议精神特别是张军副院长的重要讲话精神，讲几点具体意见。

（一）要在提升少年司法理念方面狠抓落实

做好少年司法工作，必须理念正确，认识到位、重视到位、决心到位，如此方能工作到位，效果到位。我们要密切关注宽严相济刑事政策实施，少年司法制度改革，未成年人案件升降和《刑法修正案（八）》所引起、所透露的少年司法新理念，自觉地把最高人民法院近年来提出的一系列审判工作理念，落实到少年司法的改革与审判之中，把张军副院长提出的对未成年人事业“无论怎样强调，无论怎样努力，都不为过”的要求具体落实。要树立少年司法是保护性司法的理念，始终把保护未成年人合法权益、关心未成年人健康成长作为推进少年司法改革、强化司法审判的努力目标，让少年司法真正成为未成年人权益的保护神。要树立少年司法是教育性司法的理念，尽可能地把心理学方法、教育学方法、社会学方法及少年司法的经验、技能等科学方法运用于案件办理和前后过程，将司法处罚升华为司法教育；要树立少年司法是参与性司法的理念，开门搞审判，帮教靠大家。注意吸收未成年人家人、学校老师、亲朋好友、社区工作者、未成年心理、生理、法律研究专家，青少年自愿者、法律工作者等社会人士，共同参与未成年人案件审判与帮教工作。

（二）要在加强少年司法机构建设方面狠抓落实

少年法庭机构建设是少年司法审判事业不断发展的基础工作，是做好少年审判工作的重要舞台。我们要按照张军副院长讲话要求，因地制宜、因院制宜，根据形势的发展和工作需要，积极创造条件，大力推进少年司法机构建设：要在中级法院和基层法院，适时扩大未成年人案件综合审判庭试点法院范围，形成规模辐射效应；各高级人民法院要设立少年法庭指导机构，工作职能要与最高人民法院少年法庭工作办公室对接，希望各高级人民法院学习借鉴上海市高级人民法院的创新做法，争取编办批准设立独立建制的少年法庭指导处或者办公室，统一负责辖区范围内的少年法庭指导工作，改变有些法院只在研究室或者业务庭挂个牌子、实际没有专人负责的做法；未成年人案件集中、交通便捷、司法保障水平高和少年法庭工作突出的大中城市，应当深谋远虑、志向高远，积极作为，认真探讨设立少年法院的可能性，不断积累设立少年法院的条件。

（三）要在加强少年司法队伍建设方面狠抓落实

抓好少年司法队伍建设是做好少年法庭工作的根本保证，从存在的问题看，集中表现为少年法庭编制难以落实，少年审判法官数量不足，专业水平不够高，结构搭配不合理，流动性过快，少年司法辅助人员和相关专业人员紧缺等。一些法院领导对少年司法的专门性尊重不够，对少年司法人才的稀缺性认识不足，影响了少年司法工作科学发展。对此，各级法院都要坚决落实张军副院长讲话要求，及时选拔政治素质高、业务能力强，熟悉未成年人身心特点，热爱未成年人权益保护工作和善于做未成年人思想教育工作的法官，即有爱心、有经验、有能力、有兴趣的“四有”法官从事少年司法工作；要尊重少年司法工作的专门性和特殊性，相对稳定、注重使用少年法官队伍；要推动建设能够随时为少年司法工作提供调查、咨询、帮助、辅导、教育、矫正之需的各类专家人才库，尽量利用社会的力量支持少年司法工作；为落实张军副院长提出的少年法官每年至少培训一次的要求，积极争取与国家法官学院或其分院合作，尽快把少年司法业务培训制度化、常态化、专业化，注意采取灵活多样的培训方式和培训内容，着力提升少年法庭法官的司法能力；要加强对少年法庭科学的研究，探索合作开发专门的少年法官培训课程和培训教材等；要向组织人事部门、司法统计部门和审判管理部门建议，开发、建设专门的少年司法工作绩效考核标准和指标评估体系，探索建立多专、多能的少年法官选拔标准，等等。

（四）要在强化少年司法保障方面狠抓落实

各级法院都要按照张军副院长的讲话要求，切实解决少年司法工作保障方面存在的困难。应当随着近年来全国法院特别是中基层法院物质装备、办案经费保障的明显改善，逐渐加大少年法庭在经费、装备、办公场所等方面的投入，为少年法庭开展案件审判、社会调查、延伸帮教、司法救助、宣传教育以及参与社会治安综合治理等提供必要保障。要说服有关部门和领导认识到，对少年司法工作投入必要的经费，是实现维护稳定、构建和谐、科学发展和美好未来最有效益的投资，是功德无量的伟大事业，也是最能体现以人为本、执法为民和执政为民的重大举措。

（五）要在努力创新少年司法机制方面狠抓落实

少年司法工作是一项崭新的审判事业，它过去的发展进步依赖于全国法院广大法官解放思想、改革创新，今后还需要和大家努力开拓，勇于创新。搞好少年司法工作创新，要两手一起抓，一手是在现行司法制度框架下，把实践中各地法院探索创立的一系列符合国情、独具特色的少年审判工作机制和方法发扬光大，要继续完善社会调查报告制度，圆桌审判制度，“寓教于审”制度，前科消灭制度，人民陪审员深度参与少年司法机制，心理干预机制等改革创新举措，把它们规范起来，推广开来，实施到位；另一手是在总结司法实践经验、借鉴域内外相关经验的基础上，鼓励各级人民法院在准确把握相关政策精神、遵循现行法律法规的情况下，充分发挥主观能动性，继续推进新的机制创新，如建立未成年人案件和解制度，未成年人案件特殊的调查与审判程序，未成年人案件特殊的社会参与制度等。

（六）要在不断整合社会资源方面狠抓落实

随着经济社会快速发展，负有保护未成年人合法权益职责的部门和组织不断增多，能够整合利用的社会资源也越来越多，愿意参与保护未成年人权益的单位和个人也不断增多，人民法院要有整合社会各种资源的意识、整合的能力。按照张军副院长讲话要求，切实坚持能动司法，充分发挥社会主义制度集中力量办大事、集中力量办好事的优越性，积极主动地推进“政法一条龙”和“社会一条龙”的制度建设，有效整合官方的和民间的资源，为发展少年司法事业服务。要积极推动公安机关、检察机关、司法行政机关及其他政法机关建立政法一条龙，让这条龙活起来、舞起来。要积极推动教育、卫生、共青团、妇联及其他社会团体和组织，建立相互配合、相互支持、共同参与的工作制度，形成对未成年人进行保护、教育、矫正、改造的合力。最终形成未成年人家庭、所在学校、工作单位、居住社区、有关社会组织、政府相关部门及司法机关都参与、支持的社会一条龙，并让这条龙也活起来、舞起来，形成双龙共舞的长效机制。

（七）要在正确实施《刑法修正案（八）》方面狠抓落实

对如何正确适用《刑法修正案（八）》，张军副院长已经做了明确解读，最高人民法院研究室已经根据张军副院长的要求，起草了相关司法解释稿，在广泛听取各地法院少年法庭和有关部门的意见和建议后，争取尽快发布实施。我在此就落实张军副院长的要求再强调几点：第一，《刑法修正案（八）》关于未成年人案件处罚内容的修改，都是对未成年人有利的规定，所以，从5月1日起就必须不折不扣地实施；第二，对未成年犯罪人适用缓刑，要把握好《刑法修正案（八）》规定的4个条件，防止宽严失度；要保持《刑法修正案（八）》实施前后未成年人罪犯适用缓刑的平稳过渡，防止《刑法修正案（八）》出台后，判处缓刑的未成年人数量突然不正常地增加；要切实贯彻刑法平等原则，对本地和外地户籍的未成年被告人在适用缓刑上一视同仁，平等对待；尤其是对符合缓刑条件的外地户籍未成年人，不要问他从哪里来，都要落实宽严相济的刑事政策，都能享受人民司法的关爱；要对未成年缓刑犯慎用司法禁止令，因为禁止令是从严处罚的规定，确有必要非用不可的，才予以适用，同时在期限和程度上也要与成年缓刑犯区别对待；要配合社区矫正工作机制，落实未成年缓刑犯的社区矫正和判后帮教工作；对外地户籍的未成年缓刑犯，在本地矫正有条件的，要尽量在本地社区进行矫正；没有条件在本地矫正的，要加强与外地司法机关或者社区矫正机构沟通，切实做好外地户籍未成年缓刑犯在户籍所在地的社区矫正工作。

（八）要在加强少年司法调查研究方面狠抓落实

张军副院长在讲话中，要求我们加强少年司法科学研究，努力探索少年司法工作规律，用理论创新推动制度和实践创新，这是推动少年法庭科学发展的当务之急和必由之路。在一些地方，少年法庭工作之所以没有受到有关决策部门、社会各界甚至本院领导的高度重视，我们过去提出的许多改革、发展建议之所以没有得到有关决策部门采纳，根本原因是我们自己没有把少年司法的本质属性和特有规律吃透，没有从理论上、理念上、政策上、法律上、实践上以及它的必要性、重要性、可行性说透，对少年法庭这一新生事物发展过程的曲折和难度估计不足；所以容易出现信心不足、行动迟缓、举步维艰的现象。因此，必须按照张军副院长要求，加强调查研究和理论研究，不断总结经验，集中力量攻关。第一，要研究透少年司法的特殊性。因为少年司法的规律性就是它的特殊性。少年司法的特殊性是什么？特殊性体现在哪些方面？搞清楚了这个根本问题，就把握了少年司法的本质。我认为，少年司法的特殊性主要不在于实体处理如何从轻减轻，而在于司法程序的完全不同；特殊性既在法庭审判过程之内，更在法庭审判程序之外；特殊性既要求法官发挥重要作用，更要靠法官发挥组织、整合、协调其他专门人才发挥决定性作用；而这些都是处理其他案件所没有的，所以才要成立专门的少年法庭乃至专门的少年法院；第二，要研究少年司法的多元价值和社会价值，把少年司法的战略价值、长远价值、近期价值、法律价值、社会价值等各种价值说透，从而说服人打动人；第三，要研究设立少年司法机构的各种必要条件，即创造、具备了什么样的条件，才能顺理成章地设立少年司法机构。要把这些条件一一研究透，创造好，然后才去打报告、提建议。

[未成年人刑事案件量刑规范性文件]

上海市高级人民法院

未成年人刑事案件量刑指导意见实施细则（试行）

（2010年10月1日）

为进一步规范刑罚裁量权，贯彻落实宽严相济的刑事政策，体现“教育为主，惩罚为辅”的未成年人刑事案件审判原则，增强量刑的公开性，实现量刑均衡，维护司法公正，根据刑法、相关司法解释以及最高人民法院《人民法院量刑指导意见（试行）》的有关规定，结合本市未成年人刑事审判工作实际，制定本实施细则。

第一章　总　　则

第一节　量刑的基本原则

一、对未成年被告人的量刑应当以事实为根据，以法律为准绳，根据犯罪的事实、犯罪的性质、情节和对社会的危害程度，遵循“教育为主、惩罚为辅”的原则，充分考虑对未成年被告人教育、感化、挽救的需要。

二、对未成年被告人的量刑既要考虑所犯罪行的轻重，又要考虑应负刑事责任的大小，并结合未成年被告人实施犯罪行为的动机和目的、犯罪时的年龄、是否初次犯罪、犯罪后的悔罪表现、个人成长经历和一贯表现等因素，做到罪责刑相适应，实现惩罚和预防犯罪的目的。

对未成年被告人量刑时，应根据未成年被告人的经历以及社会调查报告、心理分析报告等材料，结合案件具体情况，从最有利于对未成年被告人教育、感化、挽救的需要出发，选择合适的起刑点和量刑调节幅度并确定应当判处的刑罚。

三、对未成年被告人的量刑应当贯彻宽严相济的刑事政策，做到该宽则宽，当严则严，宽严相济，罚当其罪，确保裁判法律效果和社会效果的统一。

四、对未成年被告人的量刑要客观、全面把握不同时期不同地区的经济社会发展和治安形势的变化，确保刑法任务的实现；对于同一地区同一时期，案情相近或相似的案件，所判处的刑罚应当基本均衡。

五、对未成年人和成年人共同犯罪案件的量刑，应当在对各被告人犯罪社会危害性进行依法评价的基础上，充分考虑未成年被告人犯罪的特殊性，并确保各被告人之间量刑的相对均衡。

对于依照有关规定分案审理的案件，应当加强沟通，确保前后判决之间量刑的相对均衡。

第二节　量刑的基本方法

一、量刑步骤

1. 根据基本犯罪构成事实在相应的法定刑幅度内确定量刑起点；

2. 根据其他影响犯罪构成的犯罪数额、犯罪次数、犯罪后果等犯罪事实，在量刑起点的基础上增加刑罚量确定基准刑；

3. 根据量刑情节调节基准刑，并综合考虑全案情况，依法确定宣告刑。

二、量刑情节调整基准刑的方法

1. 具有单个量刑情节的，根据量刑情节的调节比例直接对基准刑进行调节。

2. 具有多种量刑情节的，根据各个量刑情节的调节比例，采用同向相加、逆向相减的方法确定全部量刑情节的调节比例，再对基准刑进行调节。

3. 对于具有刑法总则规定的未成年人犯罪、限制行为能力的精神病人犯罪、又聋又哑的人或者盲人犯罪、防卫过当、避险过当、犯罪预备、犯罪未遂、犯罪中止、从犯、胁从犯和教唆犯等量刑情节的，先用该量刑情节对基准刑进行调节，在此基础上，再用其他量刑情节进行调节。

4. 被告人犯数罪，同时具有适用各个罪的立功、累犯等量刑情节的，先用各个量刑情节调节个罪的基准刑，确定个罪所应判处的刑罚，再依法实行数罪并罚，决定执行的刑罚。

5. 当同一行为或情况涉及本细则规定的不同量刑情节时，一般不得重复评价，应选择对被告人从重或者从轻幅度最大的情节适用。

6. 在数罪并罚的情况下，各罪一般不得相互作为从重处罚的情节，本细则另有规定的除外。

三、确定宣告刑的方法

1. 量刑情节对基准刑的调节结果在法定刑幅度内，且罪责刑相适应的，可以直接确定为宣告刑。

2. 量刑情节对基准刑的调节结果在法定最低刑以下，具有减轻处罚情节，且罪责刑相适应的，可以直接确定为宣告刑；只有从轻处罚情节的，可以确定法定最低刑为宣告刑。

3. 被告人有应当减轻处罚情节的，应当在法定最低刑以下确定宣告刑。如果按照本细则的规定，实际量刑结果未达到减轻处罚程度，可不受本细则规定的量刑调节幅度的限制，依法确定宣告刑。

如果减轻处罚后的量刑结果低于有期徒刑六个月的，可判处法条没有规定的管制、拘役或者单处附加刑。

4. 量刑情节对基准刑的调节结果在法定最高刑以上的，可以法定最高刑为宣告刑。

5. 根据案件具体情况，独任审判员或合议庭可以在10%的幅度内进行调整，调整后的结果仍然罪责刑不相适应的，分管副院长可以要求复议或提交审判委员会讨论决定宣告刑。

对情节一般的轻微刑事案件，如果双方当事人达成和解协议，经分管副院长审批或提交审判委员会讨论决定，从宽幅度可不受本细则限制。

四、综合全案犯罪事实和量刑情节，依法应当判处拘役、管制或者单处附加刑的，应当依法适用。

五、除刑法规定“应当”附加剥夺政治权利外，对未成年被告人一般不判处附加剥夺政治权利。

对未成年人被告人判处附加剥夺政治权利的，应当依法从轻判处。

对实施被指控犯罪时未成年、审判时已成年的被告人判处附加剥夺政治权利的，适用前款规定。

六、对未成年被告人实施刑法规定的“并处”没收财产或者罚金的犯罪，应当依法判处相应的财产刑；对未成年被告人实施刑法规定的“可以并处”没收财产或者罚金的犯罪，一般不判处财产刑。

对未成年被告人判处罚金刑时，应当依法从轻或者减轻判处，并根据犯罪情节，综合考虑其缴纳罚金的能力，确定罚金数额，但最低不得少于500元。

对于刑法规定并处罚金但没有明确规定罚金数额的，一般可按下列标准掌握，但单处罚金除外：

1. 对判处有期徒刑1年以下刑罚的犯罪，一般判处罚金人民币500元至1000元。

2. 对判处有期徒刑1年以上刑罚的犯罪，一般每增加1年有期徒刑增加罚金人民币300元至500元。

3. 对单纯财产性犯罪以及被判处管制、缓刑等非监禁刑罚的犯罪，可根据犯罪数额以及案件的具体情况，实事求是地确定罚金数额。

七、宣告刑为3年以下有期徒刑、拘役并符合缓刑适用条件的，可以依法宣告缓刑。

对于符合刑法第七十二条第一款规定，且家庭、单位或者社区具备监护、帮教条件的未成年被告人，一般应当适用缓刑。

对适用缓刑的未成年被告人，应当依法确定合适的缓刑考验期。

八、对于罪行较轻、认罪悔罪表现较好且无前科劣迹的未成年被告人，具有下列情形之一的，应当优先适用免除处罚：

1. 又聋又哑的人或者盲人；
2. 防卫过当或者避险过当；
3. 犯罪预备、中止或者未遂的；
4. 从犯、胁从犯；
5. 犯罪后自首或者有立功表现；
6. 其他犯罪情节轻微，不需要判处刑罚的。

九、量刑结果一般以年、月计算，不足一个月的，取整数计算。对判处十年以上有期徒刑的案件，一般应以3个月、6个月、9个月为单位取整数计算。

第三节 常见量刑情节的适用

对未成年被告人量刑时，要充分考虑各种法定和酌定量刑情节以及被告人自身的实际情况，按照“教育为主，惩罚为辅”的方针，根据案件的全部犯罪事实以及量刑情节的不同情形，依法确定量刑情节的适用及其调节比例。对未成年人犯严重暴力犯罪、黑社会性质组织犯罪、毒品犯罪，在确定从宽的幅度时，要适度从严掌握；对较轻的犯罪要充分体现从宽的政策。对以下常见量刑情节，可以在相应的幅度内确定具体调节比例，本细则另有规定的除外。对于本细则没有规定的量刑情节，可以参照最相类似的情节确定量刑调节幅度，并可在该最相类似的情节量刑调节幅度的基础上，一般按不超过10%的幅度进行调整。

一、法定量刑情节

（一）对于未成年人犯罪，应当综合考虑未成年人对犯罪的认识能力、实施犯罪行为的动机和目的、犯罪时的年龄、是否初犯、悔罪表现、个人成长经历和一贯表现等情况，确定适当的从宽幅度，一般可按下列标准掌握：

1. 已满十四周岁不满十六周岁的未成年人，犯故意杀人、故意伤害致人重伤或者死亡、强奸、抢劫、贩卖毒品、放火、爆炸、投放危险物质犯罪的，可以减少基准刑的30%～60%；

2. 已满十六周岁不满十八周岁的未成年人犯罪，可以减少基准刑的10%～50%；

3. 对跨年龄段（含跨十六周岁年龄段和十八周岁年龄段）的犯罪：

（1）被告人跨年龄段前后实施了不同种犯罪行为，按实施犯罪时所处年龄段确定从宽幅度。

（2）被告人跨年龄段前后实施了同种犯罪行为，依照实施主要犯罪时所处的年龄段酌情确定从宽幅度。如果无法区分主要犯罪事实，应综合考虑案件情况，从最有利于对未成年被告人教育、感化、挽救的需要出发，确定适当的从宽幅度。

（二）对于限制责任能力的人犯罪的，应当综合考虑行为人辨认和控制能力的缺陷程度、与犯罪发生的因果关系、实际的危害后果等情况，确定适当的从宽幅度，一般可按下列标准掌握：

1. 重度限制责任能力的人犯罪，可以减少基准刑的50%以下；

2. 中度限制责任能力的人犯罪，可以减少基准刑的30%以下；

3. 轻度限制责任能力的人犯罪，可以减少基准刑的20%以下。

（三）对于又聋又哑的人或者盲人犯罪的，应当综合考虑犯罪的性质、行为人本身的生理缺陷与犯罪之间的关系、行为人一贯表现等情况，确定适当的从宽幅度，一般可减少基准刑的10%～40%。

对于聋或哑或视力存在严重障碍的，可以减少基准刑的20%以下。

（四）对于防卫过当或紧急避险过当构成犯罪的，可以减少基准刑的50%以上。对造成特别严重后果的，可以减少基准刑的30%～60%。

（五）对于预备犯，应当综合考虑预备实施犯罪的性质、对社会可能造成的危害，预备的程度、未进一步实施犯罪的原因等情况，确定适当的从宽幅度，一般可按下列标准掌握：

1. 预备实施犯罪的，可以减少基准刑的40%～70%；

2. 预备实施犯罪，情节轻微，不需要判处刑罚的，可以依法免除处罚。

（六）对于未遂犯，应当综合考虑行为的实行程度、造成损害结果的大小、犯罪未得逞的原因等情况，比照既遂犯确定适当的从宽幅度，一般可按下列标准掌握：

1. 实行终了的未遂，可以减少基准刑的10%～30%；

2. 未实行终了的未遂，可以减少基准刑的20%～40%；

3. 不能犯未遂的，可以减少基准刑的30%～50%。

（七）对于中止犯，应当综合考虑行为的实行程度、实际造成的危害结果、放弃犯罪的原因等情况，确定适当的从宽幅度，一般可按下列标准掌握：

1. 犯罪过程中，自动放弃犯罪，可以减少基准刑的50%～70%；

2. 犯罪行为实施完毕后，自动有效地防止犯罪结果发生的，可以减少基准刑的40%～60%；

3. 犯罪中止，情节轻微且未造成损害后果的，可以依法免除处罚。

（八）对于共同犯罪，应当根据各被告人在共同犯罪中的地位、作用以及是否直接实施犯罪实行行为等情况，体现量刑轻重的相对合理性和协调性。一般情况下，未直接实施犯罪实行行为的要轻于直接实施了犯罪实行行为的；未直接造成危害后果的要轻于直接造成危害后果的。对共同犯罪的被告人在适用同一量刑情节时，应注意因基准刑长短不同而造成同一情节所对应的实际量刑幅度的差异，并通过合理选择量刑调节幅度，保持量刑相对均衡。

1. 对于作用相对较小的主犯，可以作用最大主犯的基准刑为参照，以10%为幅度递减，按其在共同犯罪中的地位作用等情况，酌情处罚，但一般不得低于作用最大主犯基准刑的80%；

2. 未区分主从犯，但作用较小的被告人，可以作用最大的被告人的基准刑为参照，以10%为幅度递减，按其在共同犯罪中的地位作用等情况，酌情从轻处罚，但一般不得低于作用最大的被告人的基准刑的70%；

3. 对于从犯，作用相对较小的，可以减少基准刑的30%～50%；作用相对较大的，可以减少基准刑的20%～40%；

4. 对于同一案件中有多个从犯，根据案件情况确需进行量刑平衡的，可依照其在犯罪中的地位、作用的大小，以10%为幅度，酌情确定不同的基准刑减少等次；

5. 对于胁从犯，可以根据犯罪性质、被胁迫的程度、在犯罪中的作用等情况，减少基准刑的40%～70%；作用较小或情节轻微，不需要判处刑罚的，可以依法免除处罚；

对于虽然不构成胁从犯，但确系受欺骗、引诱参与犯罪的，减少基准刑的20%以下；

6. 对于被教唆参与犯罪的，依照其在共同犯罪中的地位、作用，依照本条的有关规定处罚。

（九）对于自首，应当综合考虑投案的动机、时间、方式、罪行轻重、如实供述罪行的程度以及悔罪表现等情况，确定适当的从宽幅度，一般可按下列标准掌握：

1. 犯罪事实或者犯罪嫌疑人未被司法机关发觉，主动、直接投案构成自首的，可以减少基准刑的20%～40%；

2. 犯罪事实或者犯罪嫌疑人已被司法机关发觉，但犯罪嫌疑人尚未受到讯问、未被采取强制措施时，主动、直接投案构成自首的，可以减少基准刑的10%～30%；

3. 并非出于被告人主动，而是经亲友规劝、陪同投案的；公安机关通知犯罪嫌疑人的亲友或者亲友主动报案后，将犯罪嫌疑人送去投案的，可以减少基准刑的20%以下；

4. 罪行尚未被司法机关发觉，仅因形迹可疑，被有关组织盘问、教育后，主动交代罪行构成自首的，可以减少基准刑的20%以下；

5. 犯罪嫌疑人、被告人如实供述司法机关尚未掌握的罪行与司法机关已掌握或判决确定的罪行属不同种罪行，以自首论的，可以减少基准刑的20%以下；如实供述的罪行较重（依法应当判处十年以上有期徒刑）的，可以减少基准刑的10%～30%；

6. 犯罪较轻又具有自首情节的，可以减少基准刑的40%以上或者依法免除处罚。

（十）对于立功，应当综合考虑立功的大小、次数、内容、来源、效果以及所犯罪行的轻重等情况，确定适当的从宽幅度，一般可按下列标准掌握：

1. 一般立功，可以减少基准刑的20%以下；

2. 重大立功，可以减少基准刑的20%～50%；

3. 重大立功且所犯罪行较轻的，可以减少基准刑的50%以上或者依法免除处罚。

二、酌定情节

（一）对于被采取强制措施的犯罪嫌疑人、被告人和已宣判的罪犯，如实供述司法机关尚未掌握的罪行与司法机关已掌握或判决确定的罪行属同种罪行的，根据坦白罪行的轻重以及悔罪表现等情况，可以减少基准刑的20%以下。

坦白司法机关已掌握罪行并对案件侦破确有帮助作用的，可以减少基准刑的10%以下。

（二）对于当庭自愿认罪或者经过法庭教育认罪悔罪的，根据犯罪的性质、罪行的轻重、认罪程度以及悔罪表现等情况，可以减少基准刑的10%以下；依法认定自首、坦白的除外。

（三）对于被害人有过错或对矛盾激化负有责任的，综合考虑案发的原因、被告人的一贯表现、被害人过错程度以及责任大小等情况，可以减少基准刑的20%以下。

（四）在单纯财产型犯罪中积极退赃、退赔的，应当综合考虑犯罪性质，退赃、退赔的主动性及对损害结果所能弥补的程度等情况，确定适当的从宽幅度，一般可按下列标准掌握：

1. 积极退赃、退赔的，按比例减少基准刑的30%以下；

2. 积极配合办案机关追缴赃款、赃物，未给被害人造成经济损失或未造成较大经济损失的，可以减少基准刑的10%以下。

对于侵犯复杂客体的犯罪，被告人积极退赃、退赔或积极配合办案机关追赃的，可以根据案件情况，酌情减少基准刑的20%以下。

（五）在人身损害型犯罪中积极赔偿被害人经济损失的，综合考虑犯罪性质、赔偿数额、赔偿能力、被害人或其家属的谅解程度等情况，可以减少基准刑的30%以下。

对于积极赔偿被害人经济损失并取得被害人或其家属谅解的，可以在前款规定的幅度内酌情从宽掌握。

（六）对于取得被害人或其家属谅解的，综合考虑犯罪的性质、罪行轻重、谅解的原因以及认罪悔罪的程度等情况，可以减少基准刑的20%以下。

（七）对于一时冲动或因一念之差实施犯罪的，可以减少基准刑的10%以下。

（八）对于已满十六周岁不满十八周岁的人出于以大欺小、以强凌弱或者寻求精神刺激而对其他未成年人实施轻微犯罪，未造成严重后果或恶劣影响的，可以减少基准刑的20%以下。

（九）对于有犯罪前科的，综合考虑前科的性质、时间间隔长短、次数、处罚轻重等情况，可以增加基准刑的20%以下。

（十）对于黑社会性质组织犯罪、恶势力犯罪的，根据案件的具体情况，可以增加基准刑的20%以下。

（十一）对于犯罪对象为老年人、残疾人、孕妇等弱势人员的，综合考虑犯罪的性质、犯罪的严重程度等情况，可以增加基准刑的20%以下。

（十二）对于在重大自然灾害，预防、控制突发传染病疫情等灾害期间犯罪的，根据案件的具体情况，可以增加基准刑的20%以下。

第二章 分则

第一节 故意伤害罪

对故意伤害罪量刑时，应当综合考虑案发的原因、伤害后果的大小、手段的残忍程度、被告人赔偿及被害人谅解的程度等因素，依法确定应当判处的刑罚。

一、对故意伤害犯罪，应当按照下列标准确定量刑起点：

1. 犯罪情节一般，致一人轻伤的，量刑起点为有期徒刑6个月至1年。

2. 犯罪情节一般，致一人重伤的，量刑起点为有期徒刑3年至4年。

3. 以特别残忍手段致一人重伤，造成六级严重残疾的，量刑起点为有期徒刑10年至12年。

4. 故意伤害致一人死亡，量刑起点为有期徒刑10年至15年。

二、在量刑起点的基础上，可以根据伤亡后果、伤残等级、手段的残忍程度等其他影响犯罪构成的犯罪事实增加刑罚量，确定基准刑。一般可按下列标准掌握：

1. 每增加一人轻微伤，增加有期徒刑2个月；

2. 每增加一人轻伤，增加有期徒刑6个月；

3. 每增加一人重伤，增加有期徒刑1年6个月；

4. 每增加一级普通残疾（10到7级）的，增加有期徒刑3个月；每增加一级严重残疾（6到3级）的，增加有期徒刑1年；每增加一级特别严重残疾（1到2级）的，增加有期徒刑2年。

三、有下列情形之一的，可以增加基准刑20%以下：

1. 持管制刀具或斧、锤等凶器实施伤害行为，或有预谋地持其他凶器实施伤害行为的；

2. 雇用他人实施伤害行为的；

3. 因实施其他违法犯罪而伤害他人的。

四、有下列情形之一的，可以减少基准刑的20%以下：

1. 因婚姻家庭、邻里纠纷等民间矛盾激化引发的；

2. 犯罪后积极抢救被害人的；

3. 因义愤而伤害他人的。

第二节 抢劫罪

对抢劫犯罪量刑时，应当综合考虑抢劫的动机、次数、手段、后果等因素，依法确定应当判处的刑罚。

一、对抢劫犯罪，应当按照下列标准确定量刑起点：

1. 抢劫一次，致一人轻伤以下或者虽未造成人身伤害但劫得财物（2000元以下）的，量刑起点为有期徒刑3年至5年。

2. 有下列情形之一，量刑起点为有期徒刑10年至12年：入户抢劫；在公共交通工具上抢劫；抢劫银行或者其他金融机构；抢劫三次或者抢劫数额达到巨大起点的；抢劫致一人重伤，没有造成残疾的；冒充军警人员抢劫的；持枪抢劫的；抢劫军用物资或者抢险、救灾、救济物资的。

二、在量刑起点的基础上，可以根据抢劫致人伤亡的后果、次数、数额、手段等其他影响犯罪的构成的犯罪事实增加刑罚量，确定基准刑。一般可按下列标准掌握：

1. 每增加一次抢劫，增加有期徒刑3年；

2. 每增加一人轻微伤，增加有期徒刑6个月；

3. 每增加一人轻伤，增加有期徒刑1年；

4. 每增加一人重伤，增加有期徒刑2年；

5. 每增加一级普通残疾（10到7级）的，增加3个月；每增加一级严重残疾（6到3级）的，增加1年；每增加一级特别严重残疾（1到2级）的，增加2年；

6. 抢劫数额每增加3000元，增加有期徒刑1年。

三、有下列情节之一的，可以增加基准刑的20%以下：

1. 持械抢劫的；

2. 有预谋抢劫或结伙抢劫的；

3. 因实施其他违法犯罪而抢劫的；

4. 抢劫多人但不构成多次抢劫的。

四、有下列情节之一的，可以减少基准刑：

1. 确因生活、学习、治病等急需而抢劫的，减少基准刑的20%以下；

2. 抢劫家庭成员或者近亲属财物的，减少基准刑的20%以下；

3. 未造成严重人身伤害（轻伤以下）且抢劫数额500元以下，减少基准刑的20%以下；

4. 转化型抢劫的，减少基准刑的10%以下。

第三节 盗窃罪

对盗窃犯罪量刑时，应当综合考虑盗窃的数额、次数、犯罪手段、犯罪对象、是否退缴赃款等因素，依法确定应当判处的刑罚。

一、一般盗窃应当按照下列标准确定量刑起点和基准刑：

（一）普通盗窃

1. 数额达到2500元以上不满4000元，量刑起点为拘役3个月至拘役6个月。

2. 数额达到4000元，量刑起点为有期徒刑6个月。

3. 数额为4000元以上不满2万元，每增加550元，增加有期徒刑1个月。

4. 数额达到2万元，量刑起点为有期徒刑3年。

5. 数额为2万元以上不满10万元，每增加950元，增加有期徒刑1个月。

6. 数额达到10万元，量刑起点为有期徒刑10年。

7. 数额为10万元以上，每增加30万元，增加有期徒刑1年。

（二）入户盗窃

1. 数额达到1250元以上不满2000元，或者1年内入户盗窃3次以上，量刑起点为拘役3个月至拘役6个月。

2. 数额达到2000元，量刑起点为有期徒刑6个月。

3. 数额为2000元以上不满1万元，每增加280元，增加有期徒刑1个月。

4. 数额达到1万元，量刑起点为有期徒刑3年。

5. 数额为1万元以上不满5万元，每增加480元，增加有期徒刑1个月。

6. 数额达到5万元，量刑起点为有期徒刑10年。

7. 数额为5万元以上，每增加15万元，增加有期徒刑1年。

（三）扒窃

1. 数额达到1000元以上不满1500元，或者1年内在公共场所扒窃3次以上，量刑起点为拘役3个月至拘役6个月。

2. 数额达到1500元，量刑起点为有期徒刑6个月。

3. 数额为1500元以上不满8000元，每增加230元，增加有期徒刑1个月。

4. 数额达到8000元，量刑起点为有期徒刑3年。

5. 数额为8000元以上不满4万元，每增加380元，增加有期徒刑1个月。

6. 数额达到4万元，量刑起点为有期徒刑10年。

7. 数额为4万元以上，每增加12万元，增加有期徒刑1年。

（四）其他规定

1. 普通盗窃数额分别达到16000元或者8万元，入户盗窃数额分别达到

8000 元或者 4 万元，扒窃数额分别达到 6000 元或者 3 万元，并具有下列情节之一的，可以分别认定为刑法第二百六十四条规定的“其他严重情节”或者“其他特别严重情节”，量刑起点分别为有期徒刑 3 年或者 10 年：

（1）犯罪集团的首要分子或者共同犯罪中情节严重的主犯；

（2）盗窃金融机构的；

（3）流窜作案，情节严重的；

（4）盗窃生产资料，严重影响生产的；

（5）盗窃救灾、抢险、防汛、优抚、扶贫、移民、救济、医疗款物，造成严重后果的；

（6）导致被害人死亡、精神失常或者其他严重后果的；

（7）造成其他重大损失的。

2. 既有普通盗窃，又有入户盗窃或者扒窃的，应当按照下列标准确定量刑起点：

（1）单独一种盗窃行为均没有达到定罪数额标准，但累计后达到轻度盗窃行为的定罪标准的，按照轻度盗窃行为确定量刑起点，重度盗窃行为作为酌定量刑情节考虑；

（2）重度盗窃行为达到定罪数额标准，轻度盗窃行为没有达到定罪数额标准的，以重度盗窃行为数额确定量刑起点，轻度盗窃行为作为酌定量刑情节考虑；

（3）重度盗窃行为和轻度盗窃行为均达到定罪数额标准，重度盗窃行为情节较为严重的，以重度盗窃行为数额确定量刑起点，轻度盗窃行为作为酌定量刑情节考虑；

（4）重度盗窃行为和轻度盗窃行为均达到定罪数额标准，轻度盗窃行为情节较为严重的，将重度盗窃行为和轻度盗窃行为数额累计后，按照轻度盗窃行为确定量刑起点，重度盗窃行为作为酌定量刑情节考虑；

（5）重度盗窃行为和轻度盗窃行为情节不相上下，应将重度盗窃行为和轻度盗窃行为数额累计后，按照轻度盗窃行为确定量刑起点，重度盗窃行为作为酌定量刑情节考虑。

二、有下列情形之一的，可增加基准刑：

1. 以破坏性手段盗窃造成公私财产损失的，增加基准刑的 10% 以下，造成公私财产损失较大的，增加基准刑的 20% 以下；

2. 盗窃优抚、扶贫、移民、救济、医疗等款物的，增加基准刑的 20% 以下；

3. 盗窃生产资料，未严重影响生产的，增加基准刑的 10% 以下，严重影响生产的，增加基准刑的10%～30%；

4. 为吸毒、赌博等违法犯罪活动而盗窃的，增加基准刑的10%以下；

5. 导致被害人死亡、精神失常或者其他严重后果的，增加基准刑的30%～40%；

6. 多次盗窃的，增加基准刑的10%～20%；

7. 在重要的大型会展、运动会等公共活动场所盗窃的，增加基准刑的20%以下。

三、有下列情形之一的，可以减少基准刑：

1. 确因生活、学习、治病急需而盗窃的，减少基准刑的30%以下；

2. 在案发前自动将赃物放回原处或者归还被害人的，减少基准刑的40%～60%；自动将部分赃物放回原处或者归还被害人的，可以按比例减少基准刑；

3. 盗窃近亲属财物的，一般不作为犯罪处理；确有追究刑事责任必要的，减少基准刑的40%～60%。

第四节　抢夺罪

对抢夺犯罪量刑时，应当综合考虑犯罪数额、次数、犯罪动机、犯罪手段、造成的后果等因素，依法确定应当判处的刑罚。

一、对抢夺犯罪，应当按照下列标准确定量刑起点和基准刑：

1. 数额达到500元以上不满800元，量刑起点为拘役3个月至拘役6个月。

2. 数额达到800元，量刑起点为有期徒刑6个月。

3. 数额为800元以上不满5000元，每增加140元，增加有期徒刑1个月。

4. 数额达到5000元，量刑起点为有期徒刑3年。

5. 数额为5000元以上不满3万元，每增加300元，增加有期徒刑1个月。

6. 数额达到3万元，量刑起点为有期徒刑10年。

7. 数额为3万元以上，每增加10万元，增加有期徒刑1年。

二、抢夺数额分别达到4000元或者24000元，并具有下列情形之一的，可以分别认定为刑法第二百六十七条“其他严重情节”或者“其他特别严重情节”，量刑起点分别为有期徒刑3年或者10年：

1. 抢夺残疾人、老年人财物的；

2. 抢夺优抚、扶贫、移民、救济、医疗等款物的；

3. 一年内抢夺三次以上的；

4. 利用行驶的机动车、非机动车抢夺的；

5. 以银行、证券公司等金融机构取款人为抢夺目标的。

三、抢夺数额分别达到500元、5000元、3万元以上，并具有下列情形之一的，可以增加基准刑：

1. 抢夺优抚、扶贫、移民、救济、医疗等款物的，增加基准刑的20%以下；

2. 多次抢夺或抢夺多人的，增加基准刑的10%~20%；

3. 利用行驶的机动车、非机动车抢夺的，增加基准刑的20%以下；

4. 以银行、证券公司等金融机构取款人为抢夺目标的，增加基准刑的20%以下。

四、具有下列情形之一的，可以增加基准刑：

1. 为吸毒、赌博等违法犯罪活动而抢夺的，增加基准刑的10%以下；

2. 在重要的大型会展、运动会等公共活动场所抢夺的，增加基准刑的20%以下；

3. 因抢夺每增加一人轻微伤，增加2个月；每增加一人轻伤，增加有期徒刑6个月至1年。

五、有下列情形之一的，可以减少基准刑：

1. 确因生活、学习、治病等急需而抢夺的，减少基准刑的30%以下；

2. 案发前自动归还被害人财物的，减少基准刑的40%~60%；自动将部分赃物归还被害人的，可以按比例少基准刑。

第五节　敲诈勒索罪

对敲诈勒索犯罪量刑时，应当综合考虑案发的原因、犯罪数额、次数、犯罪手段、造成的后果等因素，依法确定应当判处的刑罚。

一、对于敲诈勒索犯罪，应当按照下列标准确定量刑起点和基准刑：

1. 数额达到3000元以上不满5000元，量刑起点为拘役3个月至拘役6个月。

2. 数额达到5000元，量刑起点为有期徒刑6个月。

3. 数额为5000元以上不满3万元，每增加830元，增加有期徒刑1个月。

4. 数额达到3万元，量刑起点为有期徒刑3年。

5. 数额为3万元以上，每增加3万元，增加有期徒刑1年。

二、敲诈勒索达到24000元，并具有下列情形之一的，可以认定为刑法第二百七十四条规定的"其他严重情节"，量刑起点为有期徒刑3年：

1. 一年内敲诈勒索3次以上，或者一次向3人以上敲诈勒索的；

2. 对残疾人、老年人、丧失劳动能力的人敲诈勒索的；

3. 导致被害人自杀、精神失常或造成其他严重后果的。

三、敲诈勒索分别达到3000元和3万元以上，并具有下列情形之一的，可以增加基准刑：

1. 一年内敲诈勒索3次以上，或者一次向3人以上敲诈勒索的，增加基准刑的10%～20%；

2. 导致被害人自杀、精神失常或造成其他严重后果的，增加基准刑的30%～40%；

3. 以非法手段获取他人隐私勒索他人财物的，增加基准刑的10%以下；

4. 以危险方法制造事端敲诈勒索的，增加基准刑的10%～30%；

5. 冒充国家机关工作人员敲诈勒索的，增加基准刑的10%～30%；

6. 为吸毒、赌博等违法犯罪活动而敲诈勒索的，增加基准刑的10%以下；

8. 每增加一人轻微伤，增加2个月；每增加一人轻伤，增加有期徒刑6个月至1年。

四、有下列情形之一的，可以减少基准刑：

1. 确因生活、学习、治病等急需而敲诈勒索的，减少基准刑的30%以下；

2. 敲诈勒索近亲属财物的，一般不作为犯罪处理；确有追究刑事责任必要的，减少基准刑的40%～60%。

第六节　聚众斗殴罪

对聚众斗殴犯罪量刑时，应当综合考虑聚众斗殴的起因、人数、次数、手段、后果及社会影响等因素，依法确定应当判处的刑罚。

一、对聚众斗殴犯罪，应当按照下列标准确定量刑起点和基准刑：

1. 聚众斗殴一次，犯罪情节一般，量刑起点为有期徒刑1年至1年6个月。每增加一人轻微伤，增加有期徒刑2个月；每增加一人轻伤，增加有期徒刑6个月；每增加一次聚众斗殴，增加有期徒刑6个月至1年。

2. 具有下列情形之一，量刑起点为有期徒刑3年至4年：

（1）多次聚众斗殴；

（2）聚众斗殴人数多、规模大；

（3）在公共场所或者交通要道聚众斗殴，造成社会秩序混乱的；

（4）持械聚众斗殴。

每增加上述一项情形或同种情形一次的，增加有期徒刑1年；每增加一人轻微伤，增加有期徒刑3个月；每增加一人轻伤，增加有期徒刑9个月；每增加一次聚众斗殴，增加有期徒刑1年6个月至2年。

二、有下列情形之一，可以增加基准刑的20%以下：

1. 社会影响恶劣的；

2. 造成公私财物较大损失的。

第七节　寻衅滋事罪

对寻衅滋事犯罪量刑时，应当综合考虑寻衅滋事次数、后果及造成的社会影响等因素，依法确定应当判处的刑罚。

一、寻衅滋事构成犯罪，需要判处自由刑的，量刑起点为有期徒刑6个月至1年。

二、在量刑起点的基础上，可以根据寻衅滋事次数、损害后果、强拿硬要他人财物或者任意损毁、占用公私财物数额等其他影响犯罪构成的犯罪事实增加刑罚量，确定基准刑。一般可按下列标准掌握：

1. 每增加一人轻微伤，增加有期徒刑2个月；

2. 每增加一人轻伤，增加有期徒刑6个月；

3. 每增加寻衅滋事一次，增加有期徒刑6个月；

4. 强拿硬要他人财物或者任意损毁、占用公私财物价值超过2000元，每增加500元，增加有期徒刑1个月。

三、有下列情形之一，可以增加基准刑的20%以下：

（1）持械滋事的；

（2）造成较大社会影响的。

第三章　附　则

一、本细则所称的“以上”、“以下”，均包含本数，本细则另有规定的除外。

二、对于本实施细则中未规定的其他罪名，可按照《上海市高级人民法院〈人民法院量刑指导意见（试行）〉实施细则（试行）》的有关规定量刑。

三、本细则试行前，本院制定的有关量刑的指导性文件中与本细则有抵触的，按本细则的规定执行。

四、本细则下发试行后，如新的法律、司法解释或最高人民法院新的指导意见有不同规定的，按照新的规定执行。

河南省高级人民法院

未成年人犯罪量刑规范化指导意见（试行）

为了贯彻宽严相济的刑事政策和“教育、感化、挽救”的基本方针，规范法官的自由裁量权，统一未成年人刑事案件的量刑标准，维护司法公正，根据《中华人民共和国刑法》、《最高人民法院关于审理未成年人刑事案件具体应用法律若干问题的解释》和《人民法院量刑指导意见（试行）》等有关规定，结合审判实践，制定本意见。

一、量刑的指导原则

1. 人民法院在对未成年被告人量刑时，要贯彻“教育为主，惩罚为辅”的基本原则，坚持“教育、感化、挽救”的基本方针，体现对未成年人的特殊保护，对符合条件的未成年人依法适用非监禁刑。

2. 量刑应当以事实为根据，以法律为准绳，坚持罪刑法定、罪刑相适应的基本原则，根据犯罪事实、性质、情节和对社会的危害程度，决定对未成年被告人的刑罚。

3. 量刑应当贯彻宽严相济的刑事政策，做到该严则严，当宽则宽，宽严相济，罚当其罪，实现惩罚与预防犯罪的目的，实现法律效果与社会效果的统一。

4. 量刑要逐步实现规范化，遵循原则性和灵活性相结合原则，遵守量刑平衡机制，努力实现对同一时期、同一地区、案情相同或相似案件的未成年被告人量刑基本平衡。

二、量刑的基本方法

5. 量刑步骤

第一步：根据基本犯罪事实在法定刑幅度内确定基准刑；

第二步：根据量刑情节对基准刑的调节结果确定宣告刑。

6. 确定基准刑的方法和步骤

基准刑是在不考虑各种法定和酌定量刑情节的前提下，根据基本犯罪事实的既遂状态所应判处的刑罚。基本犯罪事实包括基本犯罪构成和其他影响犯罪构成的犯罪数额、犯罪次数、犯罪后果等犯罪事实。确定基准刑的步骤：

第一步：根据基本犯罪构成事实在相应的法定刑幅度内确定量刑起点；

第二步：根据其他影响犯罪构成的犯罪数额、犯罪次数、犯罪后果等犯罪事实，在量刑起点的基础上确定基准刑。

7. 量刑情节调节基准刑的方法

（1）多个量刑情节并存时，可以采用同向相加、逆向相减的方法确定对基准刑的调节比例。

（2）多个量刑情节与免除处罚情节并存时，应当综合考虑全案情况和法律规定，决定是否免除处罚。

（3）同一行为符合不同的量刑情节时，不得重复评价。

8. 确定宣告刑的方法

（1）在对未成年被告人减轻处罚时，一般应当在相应的法定最低刑以下的下一个法定刑幅度内处罚，但在下一个法定刑幅度处罚仍然过重的，可以在再下一个法定刑幅度处罚，但一般不得因具有数个减轻处罚情节而免除处罚。

（2）量刑情节对基准刑的调节结果在法定刑幅度范围内的，可以直接作为宣告刑。

（3）量刑情节对基准刑的调节结果高于法定最高刑的，不能加重处罚，可以法定最高刑为宣告刑。

（4）量刑情节对基准刑的调节结果在六个月以下的，可依法判处拘役、管制或者单处附加刑。

（5）量刑情节对基准刑的调节出现负数刑期时，如果依法不应当免予刑事处罚的，应当综合全案考虑，确定适当刑罚。

（6）综合全案考虑，量刑情节对基准刑的调节结果确属罪责刑不相适应的，可以提交审委会讨论决定宣告刑。

三、常见量刑情节的适用

9. 依法宣告缓刑的情形。对符合刑法第七十二条第一款规定的未成年被告人，可以宣告缓刑。如果同时具有下列情形之一，适用缓刑确实不致再危害社会的，应当宣告缓刑：初次犯罪的；积极退赃或赔偿被害人经济损失的；被告人为在校学生的；具备帮教、监护条件的。

10. 应当免予刑事处罚的情形。根据未成年被告人所犯罪行，可能被判处管制、拘役或三年以下有期徒刑，如果被告人确有悔罪表现，并符合下列情形之一的，应当依照刑法第三十七条的规定免予刑事处罚：又聋又哑的人或盲人；防卫过当或避险过当；犯罪预备、中止或未遂；共同犯罪中的从犯、胁从犯；犯罪后自首或有立功表现；其他犯罪情节轻微，依法不需要判处刑罚的。

11. 未成年人犯罪的，除罪行极其严重的之外，一般不适用无期徒刑。

对已满十四周岁不满十六周岁的罪犯，一般不判处无期徒刑。

已满十四周岁不满十六周岁的未成年人犯故意杀人、故意伤害致人重伤或者死亡、抢劫、贩卖毒品、放火、爆炸、投放危险物质罪的，应当减少基准刑的30% ~60%；已满十六周岁不满十八周岁的未成年人犯罪的，应当减少基准刑的20%~50%。

12. 未成年被告人确因家庭困难、生活所迫实施犯罪，且认罪悔罪的，应当减少基准刑的20% ~30%。

因对法律认识错误而实施犯罪的，可以酌情减少基准刑的10%~20%。

未成年被告人没有犯罪预谋，因为一时冲动实施犯罪的，可以酌情减少基准刑的10%~30%。

13. 未成年被告人系受他人教唆实施犯罪的，可以减少基准刑的40% ~60%。

14. 未成年被告人有自首情节的，应当综合考虑投案的动机、时间、方式、如实供述罪行的程度以及悔罪表现等情况确定从宽的幅度。

犯罪事实或者犯罪嫌疑人未被司法机关发觉，主动、直接投案构成自首的，可以减少基准刑的20% ~50%；

犯罪事实或者犯罪嫌疑人已被司法机关发觉，但犯罪嫌疑人尚未受到讯问，未被采取强制措施时，主动、直接投案构成自首的，可以减少基准刑的10% ~40%；

犯罪嫌疑人、被告人如实供述司法机关尚未掌握的罪行，与司法机关已掌握的或判决确定的罪行不同，以自首论，可以减少基准刑的10% ~30%；

并非出于被告人主动，而是经亲友规劝、陪同投案，或者亲友送去投案等情形构成自首的，可以减少基准刑的10% ~30%；

罪行尚未被司法机关发觉，仅因形迹可疑，被有关组织或司法机关盘问、教育后，主动交代自己罪行构成自首的，以及其他类型的自首，可以减少基准刑的5% ~10%。

15. 未成年被告人有立功情节的，应当综合考虑立功的大小、次数、内容、来源、效果等情况，确定从宽的幅度。一般立功的，可以减少基准刑的10% ~30%；重大立功的，可以减少基准刑的30% ~70%，所犯罪行较轻的，可以减少基准刑的70%以上；犯罪后自首又有重大立功表现的，应当减少基准刑的70%以上。

16. 未成年被告人坦白司法机关尚未掌握的同种罪行的，可以减少基准刑的10%～30%；坦白司法机关已经掌握的罪行的，可以减少基准刑的20%以下。

对当庭自愿认罪，并适用简易程序或普通程序“简化审”的，可以减少基准刑的10%以下。

17. 对于未遂犯，应当综合考虑犯罪行为的实行程度、造成损害的大小、犯罪未得逞的原因等情况确定从宽的幅度。实行终了的未遂犯，可以减少基准刑的20%～40%；未实行终了的未遂犯可以减少基准刑的30%～50%。

18. 对于中止犯，应当综合考虑中止犯罪的阶段、是自动放弃犯罪还是自动有效防止犯罪结果的发生、自动放弃犯罪的原因以及造成的危害结果大小等情况确定从宽的幅度。自动放弃犯罪的，应当减少基准刑的60%～80%；自动有效防止犯罪结果发生的，应当减少基准刑的50%～70%；没有造成损害的，应当免除处罚。

19. 共同犯罪中，根据未成年被告人的地位、作用以及是否实施犯罪行为等情况确定相对于其他被告人从宽的幅度。对于在共同犯罪中作用相对较小的未成年主犯，可以减少基准刑的10%～20%；对处于从犯地位的未成年被告人，一般应当减少基准刑的30%～70%，犯罪较轻的，应当减少基准刑的70%以上；未区分主从犯，但作用相对较小的未成年被告人，可以减少基准刑的10%～30%。

20. 对于被害人有过错或对激化矛盾有责任的，应当综合考虑发案的原因、被害人过错的程度或责任的大小等情况确定从宽的幅度。被害人有严重过错或者对矛盾激化负有直接责任的，可以减少基准刑的20%～30%；被害人有一般过错或者对矛盾激化负有一定责任的，可以减少基准刑的20%以下。

21. 对于积极退赃、退赔的未成年被告人，应当综合犯罪性质、退赃、退赔行为对损害结果所能弥补的程度及退赃、退赔数额等情况确定从宽的幅度。全部退赃、退赔的，可以减少基准刑的20%～30%；部分退赃、退赔的，可以减少基准刑的20%以下；积极配合办案机关追缴赃款赃物，未给被害人造成经济损失或较大经济损失的，可以减少基准刑的10%以下。

22. 对于积极赔偿被害人经济损失的，应当综合犯罪性质、赔偿数额以及被害方的谅解程度确定从宽的幅度。除本意见规定应当判处缓刑的情形外，积极赔偿被害人经济损失并取得被害人及其亲属谅解的，可以减少基准刑的10%～40%；赔偿被害人全部经济损失的，可以减少基准刑的10%～30%；赔偿部分经济损失的，可以根据赔偿数额相应确定从宽幅度。

23. 未成年被告人有前科劣迹的，可以综合考虑前科劣迹的性质、处罚情况，确定从重处罚的幅度。有犯罪前科的，可以增加基准刑的20%以下；有被劳动教养等记录的，可以增加基准刑的10%以下。

24. 未成年被告人是累犯的，应当综合考虑前后犯罪的性质，刑罚执行完毕或赦免以后至再犯罪时间的长短以及前后罪罪行大小等情况从重处罚，增加基准刑的10%～40%。

25. 未成年被告人系团伙犯罪的组织者、领导者的，根据其所组织、领导的犯罪团伙实施犯罪的性质、造成的犯罪后果等情况从重处罚，增加基准刑的10%～20%。

26. 未成年被告人教唆其他未成年人实施犯罪的，根据其所教唆实施犯罪的性质、造成的后果等情况从重处罚，增加基准刑的10%～30%。

27. 未成年被告人系流窜作案的，可以根据作案的次数、间隔期限等情况从重处罚，增加基准刑的10%～20%。

28. 未成年被告人犯罪手段特别残忍的，可以根据其实施的犯罪性质、犯罪手段、造成的后果等情况从重处罚，增加基准刑的20%～40%。

29. 在社会调查过程中，学校、当地基层组织对未成年被告人评价恶劣的，可以增加基准刑的10%～20%。

30. 主刑被依法减轻时，附加刑原则上应当一并减轻，但适用原法定刑幅度中的附加刑实际上对未成年被告人有利的除外。

31. 除刑法规定“应当”附加剥夺政治权利外，对未成年被告人一般不附加判处剥夺政治权利，也不单独适用剥夺政治权利。对未成年被告人判处附加剥夺政治权利的，应当依法从轻处罚。

对实施被指控犯罪时未成年、审判时已成年的被告人判处附加剥夺政治权利，适用前款的规定。

32. 未成年被告人实施刑法分则规定“应当并处”没收财产或者罚金的罪名的，应当依法判处相应的财产刑。

未成年被告人实施刑法分则规定“可以并处”没收财产或者罚金的罪名的，一般不判处财产刑。

未成年被告人实施刑法分则规定“可以单处罚金”的罪名，罪行较轻且有支付条件的，一般优先适用单处罚金刑。对未成年被告人判处罚金刑时，应当依法从轻或者减轻判处，并根据犯罪情节，综合考虑其缴纳罚金的能力，确定罚金数额。但罚金的最低数额不得少于500元人民币。被判处罚金刑的未成年被告人，其监护人或者其他人自愿代为垫付罚金的，应当允许。

四、附则

33. 在法庭调查阶段，为了查明未成年被告人的犯罪原因和人身危险性，应当由社会调查员就未成年被告人的成长经历、一贯表现以及特定品行发表调查报告，并要求控辩双方对此发表意见。

34. 在法庭辩论阶段，审判长应当注意引导控辩双方围绕有争议的量刑事实和未成年被告人的量刑问题发表意见。

35. 对具体犯罪的量刑规范，适用最高人民法院《人民法院量刑指导意见（试行）》。

36. 本意见所称以上、以下，均包括本数。

37. 本意见自发布之日起试行。

南京市中级人民法院　南京市人民检察院
南京市公安局　南京市司法局

关于未成年人刑事案件适用禁止令的实施意见（试行）

2011年6月1日　　宁中法〔2011〕155号

为加强对未成年人的特殊保护，全面预防和减少青少年犯罪，根据《中华人民共和国刑法》、《中华人民共和国刑事诉讼法》、《中华人民共和国刑法修正案（八）》及最高人民法院、最高人民检察院、公安部、司法部《关于对判处管制、宣告缓刑的犯罪分子适用禁止令有关问题的规定（试行）》，结合全市未成年人刑事诉讼活动及社区矫正工作实际，现对未成年人刑事案件适用禁止令提出如下实施意见。

第一条　对判处管制、宣告缓刑的未成年被告人，同时宣告、执行禁止令的，应坚持“教育为主，惩罚为辅”的原则，执行措施要有利于未成年犯罪人改造和重新回归社会。

第二条　以未成年人为适用对象的禁止令宣告由审判机关办理，执行由司法行政机关、公安机关组织实施，检察机关对禁止令宣告与执行实行法律监督。

第三条 检察机关在进行社会调查的基础上，可以在起诉时提出对未成年被告人宣告禁止令的建议，并移送审前调查材料。

第四条 审判机关拟对未成年被告人宣告禁止令的，应参考司法行政机关出具的审前调查报告。审前调查报告的内容包括该未成年被告人的生活环境、家庭情况、成长经历、社会交往、犯罪成因等。

第五条 法庭审理过程中，可就未成年被告人审前调查报告进行法庭质证，控辩双方可对是否宣告禁止令展开辩论。

第六条 审判机关宣告禁止令，应当根据未成年被告人的犯罪原因、个人一贯表现等情况，充分考虑与其所犯罪行的关联程度，针对性地决定禁止其在管制执行期间及缓刑考验期内“从事特定活动，进入特定区域、场所，接触特定的人”的一项或几项内容。

第七条 审判机关可以根据未成年人犯罪情况，禁止其在管制执行期间、缓刑考验期限内从事以下一项或者几项活动：

（一）禁止未成年人从事某项可能诱发实施犯罪的具体活动或职业；

（二）禁止无监护人监管或监护人监管不严的未成年人在未经社区矫正机构批准的情况下，在外留宿过夜；

（三）禁止因网络游戏诱发实施犯罪的未成年人玩非适龄网络游戏；

（四）禁止在附带民事赔偿义务及财产刑履行完毕以前进行高消费；

（五）其他确有必要禁止的活动。

第八条 审判机关可以根据未成年人犯罪情况，禁止其在管制执行期间、缓刑考验期限内进入以下一类或者几类区域或场所：

（一）禁止进入夜总会、歌舞厅、迪厅、酒吧、网吧、游戏机房、溜冰场等娱乐场所；

（二）禁止在未经执行机关批准的情况下进入大型公众活动场所；

（三）其他确有必要禁止进入的区域或场所。

第九条 审判机关可以根据未成年人犯罪情况，禁止其在管制执行期间、缓刑考验期限内接触以下一类或者几类人员：

（一）禁止接触可能影响其接受教育改造的同案犯；

（二）禁止接触具有不良嗜好及违法犯罪前科劣迹，并对未成年人行为产生不良影响的特定人；

（三）禁止在未经对方同意的情况下接触特定被害人、证人、控告人、批评人、举报人；

（四）禁止接触其他可能影响未成年人接受教育改造的人。

第十条 成年被告人犯罪侵害未成年人的，审判机关在对该被告人判处管制、宣告缓刑、宣告禁止令时，可以禁止其“从事特定活动，进入特定区域、场所，接触特定的人”的一项或者几项内容：

（一）禁止从事某项可能诱发实施侵害未成年人犯罪的职业；

（二）禁止进入中小学校区、幼儿园园区及周边地区，确因本人就学、居住等原因，经执行机关批准的除外；

（三）禁止在未经对方同意的情况下接触特定未成年被害人、证人、控告人、批评人、举报人及其法定代理人、近亲属；

（四）其他应当禁止的行为。

第十一条 审判机关对判处管制、宣告缓刑的被告人宣告禁止令的，应当在裁判文书主文部分单独作为一项予以宣告。

第十二条 禁止令自判决生效之日起同时生效。禁止令的执行期限，从管制、缓刑执行之日起计算。

第十三条 禁止令期限不应超过管制主刑期或缓刑考验期，但对管制刑犯宣告禁止令的，不应少于三个月，对缓刑犯宣告禁止令的，不应少于二个月。

判处管制的被告人因先期羁押，管制执行期限少于三个月的，禁止令的期限不受前款限制。

第十四条 审判机关宣告禁止令的，应于判决生效五日内将禁止令执行通知及相关材料抄送公安、检察和司法行政机关，上述机关应于五日内寄回送达回执。

第十五条 对未成年被告人宣告禁止令的，由司法行政机关对其进行统一监管，必要时可通过运用技术手段保障禁止令的执行。

第十六条 审判机关在判决生效后，应将禁止令执行通知送达未成年被告人的监护人。

监护人应签署禁止令执行保证书，协助司法行政机关执行对该未成年人的禁止令，并及时将该未成年人的禁止令执行情况向司法行政机关报告。

第十七条 被宣告禁止令的未成年人应严格执行禁止令规定的义务。

被宣告禁止令的未成年人应定期向司法机关报告禁止令执行情况。未成年人的监护人在特殊情况下，经司法行政机关批准，可以代为履行定期报告义务。

第十八条 公安机关、检察机关、审判机关和司法行政机关对被宣告禁止令的未成年人实行信息化管理，管理平台和信息要遵守保密规定。

禁止令的执行应符合未成年人前科封存制度的要求。

第十九条 被宣告禁止令的未成年犯在管制执行、缓刑考验期内表现一贯良好的，司法行政机关可以依职权向审判机关提出对其减刑，并同时撤销禁止令或减少禁止令执行期限的建议。

审判机关收到司法行政机关的建议后，对该未成年犯的行为进行综合评估，于十五日内裁定是否予以减刑及撤减禁止令。

第二十条 被宣告禁止令的管制刑未成年犯在执行期内违反禁止令，情节较轻的，司法行政机关可以对其予以口头警告，并责成其监护人履行监管义务。

违反禁止令情节严重的，司法行政机关可以向公安机关提起建议，由公安机关对其予以相应治安管理处罚。

第二十一条 被宣告禁止令的缓刑未成年犯在缓刑考验期内违反禁止令，情节较轻的，司法行政机关可以根据具体情况决定对其予以口头警告，责成其监护人履行监管义务，或者向公安机关提起建议，由公安机关对其予以相应治安管理处罚。

违反禁止令情节严重的，司法行政机关可以向原审判机关提出建议，审判机关可以依法对其撤销缓刑。原审判机关应当自收到撤销缓刑建议书之日起一个月内依法作出裁定。

第二十二条 被宣告禁止令的未成年犯违反禁止令，有以下情形之一的，属于本意见第二十、二十一条规定的“情节严重”：

（一）违反禁止令达三次以上；

（二）因违反禁止令被治安管理处罚后，再次违反禁止令的；

（三）因违反禁止令造成较为严重后果的；

（四）其他严重违反禁止令执行要求的情形。

第二十三条 检察机关认为宣告禁止令和执行禁止令违反法律规定或侵犯未成年人合法权益，以及对禁止令执行不力的，可以发出书面纠正意见监督改正。

第二十四条 本意见内容与法律法规、司法解释规定不一致的，以法律法规、司法解释的规定为准。

四川省成都市中级人民法院
关于对未成年人犯罪适用缓刑和禁止令的意见

《中华人民共和国刑法修正案（八）》对缓刑适用条件和缓刑执行方式进行了修改，为贯彻“教育、感化、挽救”方针和“教育为主、惩罚为辅”原则，根据《中华人民共和国刑法》和《最高人民法院关于审理未成年人刑事案件具体应用法律若干问题的解释》等相关法律规定，结合我市两级法院未成年人刑事审判实践，提出以下指导意见。

第一条 有下列情形之一的，可以认定为犯罪情节较轻：

（一）共同犯罪中的从犯；

（二）防卫过当或者避险过当的；

（三）犯罪预备、未遂、中止；

（四）被害方存有明显过错的；

（五）其他犯罪情节较轻的情形。

第二条 有以下情形之一的，可以认定为具有悔罪表现：

（一）有自首、立功等法定从宽处罚情节；

（二）认罪态度好，认识到自己行为的社会危害性，并真诚表示愿意悔改；

（三）积极退赃、赔偿被害人及亲属经济损失；

（四）有其他悔罪表现的情形。

第三条 是否存在再犯罪危险，应当综合考虑未成年被告人犯罪的原因、次数、参与程度、家庭背景、生活环境、生活习性、思想状况、有无违法犯罪记录以及监管条件等因素。

第四条 人民法院拟对未成年被告人判处缓刑的，可以通过社会调查了解其所居住社区的意见。

有以下情形之一的，可以认定为对其所居住社区有不良影响：

（一）以残疾、孤寡老人或者丧失劳动能力的人为侵害对象且造成恶劣社会影响的；

（二）因故意犯罪受过刑事处罚、被劳动教养两次以上、受过行政处罚三次以上的；

（三）盗抢公私财物数额巨大，且赃款主要用于吸毒、赌博等违法犯罪行为的；

（四）抢劫、抢夺未成年学生多次，造成当地学生不敢上学的；

（五）其他对所居住社区有不良影响的情形。

第五条 人民法院审理未成年人犯罪案件时，有以下几种情形的，可以对判处管制、缓刑的犯罪分子宣告禁制令。

（一）因迷恋上网而实施抢劫、抢夺、盗窃等侵害他人财产权利罪行的；

（二）因迷恋网络游戏、黄色影视而实施故意伤害、聚众斗殴、强奸等侵害他人人身权利罪行的；

（三）因与他人有矛盾纠纷而实施故意伤害、聚众斗殴的、非法拘禁等罪行的；

（四）因吸食毒品而实施抢劫、抢夺、盗窃以及走私、贩卖、运输毒品等罪行的；

（五）存在其他与犯罪有关联的不良行为的。

第六条 人民法院对判处管制、宣告缓刑的未成年被告人宣告禁制令的，应当在裁判文书中说明理由，并引用相关法律和司法解释条文，在裁判文书主文部分单独作为一项予以宣告。

第七条 人民法院宣判缓刑时，可以通知被告人所在地县级司法行政机关人员或社区矫正机构人员参加，并应以书面形式告知被判处缓刑的罪犯接受社区矫正，并告知其在接到判决书后3日内到居住地县级司法部门办理登记手续。

第八条 判决生效后，人民法院应当在3日内将刑事判决书、执行通知书、《社区矫正告知书》等文书材料送达罪犯户籍所在地司法局社区矫正办公室，并抄送同级人民检察院。

第九条 对依法实行社区矫正的缓刑人员，缓刑期满，应由社区矫正机构向犯罪分子及其所在单位、居住地居委会、村委会公开予以宣告，并书面告知人民法院。

第十条 本意见如与法律、司法解释、上级法院规定不一致的，应按照法律、司法解释、上级法院规定执行。

第十一条 本意见自下发之日起在全市两级法院试行。

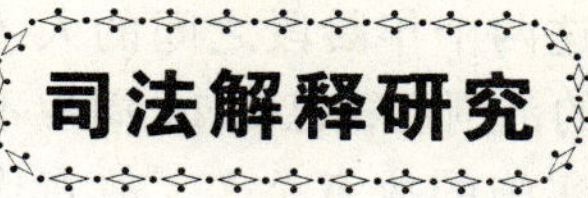

试论对未成年人犯罪从宽处理

——对《关于贯彻宽严相济刑事政策的若干意见》第二十条的解读

黄晓亮*

《最高人民法院关于贯彻宽严相济刑事政策的若干意见》（以下简称《意见》）第二十条规定："对于未成年人犯罪，在具体考虑其实施犯罪的动机和目的、犯罪性质、情节和社会危害程度的同时，还要充分考虑其是否属于初犯，归案后是否悔罪，以及个人成长经历和一贯表现等因素，坚持'教育为主、惩罚为辅'的原则和'教育、感化、挽救'的方针进行处理。对于偶尔盗窃、抢夺、诈骗，数额刚达到较大的标准，案发后能如实交代并积极退赃的，可以认定为情节显著轻微，不作为犯罪处理。对于罪行较轻的，可以依法适当多适用缓刑或者判处管制、单处罚金等非监禁刑；依法可免予刑事处罚的，应当免予刑事处罚。对于犯罪情节严重的未成年人，也应当依照刑法第十七条第三款的规定予以从轻或者减轻处罚。对于已满十四周岁不满十六周岁的未成年犯罪人，一般不判处无期徒刑。"该条规定对未成年人犯罪的处理作出了较为详细的规定，指明了办理未成年人犯罪刑事案件的基本做法，有必要认真加以解读。

一、"未成年人犯罪"的涵义

在我国，未成年人犯罪是指已满14周岁不满18周岁的人实施的危害社会、依法应受刑罚惩罚的行为。根据《刑法》的规定，未成年人犯罪主要包含以下几个方面的内容：（1）在责任的主体上，未成年人犯罪的主体仅限于已满14周岁不满18周岁的自然人。根据《刑法》第十七条的规定，不满14

* 北京师范大学刑事法律科学研究院副教授、法学博士。

周岁的人属于完全无刑事责任年龄人，其实施的任何行为都不构成犯罪；已满18周岁的人为完全刑事责任年龄人。只有处于这两个年龄段之间的人才属于未成年人犯罪中的“未成年人”。（2）在责任的范围上，已满14周岁不满16周岁的人属于相对刑事责任年龄人，只对其实施的故意杀人、故意伤害致人重伤或者死亡、强奸、抢劫、贩卖毒品、放火、爆炸、投毒罪承担刑事责任。对于这八类犯罪范围之外的行为，已满14周岁不满16周岁的人不承担刑事责任。（3）在责任的程度上，未成年人属于减轻刑事责任能力人。《刑法》第十七条第三款规定：“已满十四周岁不满十八周岁的人犯罪，应当从轻或者减轻处罚。”据此，未成年犯罪人无需对其实施的犯罪承担全部刑事责任。我国刑法典之所以作此规定，主要是考虑未成年人由于心理的不成熟而不具备完全的刑事责任能力，属于减轻刑事责任能力人。（4）在责任的形式上，对未成年犯罪人不得适用死刑。《刑法》第四十九条规定，犯罪的时候不满18周岁的人不适用死刑。这里所说的“不适用死刑”是指不允许判处死刑（包括不允许判处死刑宣告缓期二年执行），而不仅仅是说“不执行死刑”，也不是说等满18周岁再判决、执行死刑。

二、对未成年人犯罪从宽处理背景探源

当前，我国未成年人犯罪多发常见，并不断呈现出低龄化倾向。如何针对我国未成年人犯罪的状况和特点，运用刑法手段治理未成年人犯罪是摆在我国司法机关面前的突出问题。事实上，我国地方司法机关都十分关注未成年人犯罪的刑法适用问题。不过，由于《刑法》关于未成年人犯罪的规定十分简单、概括，所以尽管相关司法解释专门针对未成年人犯罪刑法适用中的一些问题作出了规定，不过，从总体上看，地方司法机关对未成年人犯罪的处罚标准在掌握尺度上不甚统一。

未成年人犯罪与成年人犯罪一样，也包含了各种情节。这些情节中，既有法定情节也有酌定情节，既有从宽情节也有从严情节。对于不同性质、不同作用的情节应当如何考量，不同的司法机关往往会有不同的考虑和做法。如在未成年人犯罪中，对于未成年人的成长经历和一贯表现应当如何对待，实践中就很不统一。

与此同时，我国已经对未成年人犯罪确立了“教育为主、惩罚为辅”原则和“教育、感化、挽救”方针。《刑法》也专门针对未成年人犯罪规定了从宽处罚的原则。但是，这些原则和方针非常概括。在涉及具体犯罪的定罪标准上，《刑法》并无关于未成年人犯罪从宽的明确规定。实践中的做法也不统一。如对于未成年人盗窃的数额刚刚达到定罪标准的是否有必要定罪，各地的做法不完全统一；一些地方司法机关对于《刑法》第十三条“但书”的规定存在不同的认识，有的地方司法机关认为《刑法》第十三条中的“情节”是指罪中情节，而不包括行为人犯罪之后的自首、退赃等罪后情节，这些进而导致了一些地方司法机关对未成年人犯罪的具体定罪标准的掌握不尽一致。

对未成年人犯罪的量刑主要涉及三个方面的内容：一是对未成年犯罪人适用刑罚的必要性问题，这涉及免予刑事处罚、非刑罚处罚方法在未成年人犯罪中的适用；二是对未成年人犯罪适用刑罚的轻重问题，这既涉及在多种刑罚类型上选择较轻的刑种或者在同一刑种中选择较轻的刑罚，也涉及是否有必要对未成年犯罪人适用无期徒刑；三是对未成年犯罪人适用刑罚制度的问题，这主要涉及对未成年人犯罪的自首、立功、缓刑等刑罚制度的适用。从宽严相济刑事政策的角度看，对未成年人犯罪的量刑应当尽量从以上三个方面予以从宽把握。不过，对于地方司法机关而言，要在未成年人犯罪的量刑方面作到高度统一，没有统一的标准是不行的。也正基于此，我国先后出台了多个有关未成年人犯罪的司法解释和规范性文件，① 这有效地统一和规范了各地有关未成年人犯罪的量刑适用。不过，部分地方司法机关的做法，尤其是对司法解释没有涉及的有关未成年人犯罪的量刑适用问题，还有待于进一步统一、规范。

总体而言，未成年人犯罪的情形多种多样，对此仅仅依靠《刑法》关于未成年人犯罪的简单规定和我国有关未成年人犯罪的“教育为主、惩罚为辅”原则及“教育、感化、挽救”方针，还很难完全做到对未成年人犯罪的宽严统一，也难以有效贯彻宽严相济刑事政策。也正基于此，意见才专门针对未成年人犯罪规定了本条，以贯彻落实宽严相济刑事政策对未成年人犯罪的从宽要求。

三、处理未成年人犯罪的原则和方针

由于未成年人生理和心理的不成熟性，我国对未成年人犯罪规定了不同于成年人犯罪的专门政策。我国 1991 年颁布的《未成年人保护法》在第三十八条明确规定，对犯罪的未成年人，实行教育、感化、挽救的方针，坚持以教育为主、惩罚为辅的原则；1999 年颁布的《预防未成年人犯罪法》第四十四条再次作了类似的规定。应当说，我国处理未成年人犯罪的这一原则和方针，与我国当前的宽严相济刑事政策精神是相通的，体现了宽严相济刑事政策的从宽一面。也正基于此，本条明确强调了在处理未成年人犯罪时应当

① 如 1991 年 7 月 22 日《最高人民法院研究室关于如何认定被告人犯罪时年龄问题的电话答复》、1995 年 5 月 2 日《最高人民法院关于办理未成年人刑事案件适用法律的若干问题的解释》、2001 年 4 月 4 日《最高人民法院关于审理未成年人刑事案件的若干规定》和 2006 年 1 月 11 日《最高人民法院关于审理未成年人刑事案件具体应用法律若干问题的解释》等。

坚持“教育为主、惩罚为辅”的原则和“教育、感化、挽救”的方针。

四、处理未成年人犯罪时情节的运用规则

与刑法中的其他情节一样，未成年人犯罪的情节也包括了定罪情节和量刑情节。其中，未成年人犯罪的定罪情节包括未成年人实施犯罪的性质、情节和社会危害程度，以及部分犯罪中的犯罪目的等；未成年人犯罪的量刑情节则包括未成年人实施犯罪的动机与目的、是否属于初犯、归案后是否悔罪以及未成年人的个人成长经历和一贯表现等。未成年人犯罪的这些情节会在不同程度上影响对未成年人犯罪的定罪量刑。

不过，未成年人犯罪的这些情节，在具体的未成年人犯罪案件中，对定罪量刑的作用方向和程度是不同的，需要综合考虑。

第一，要综合考虑未成年人的犯罪情节和非犯罪情节。犯罪情节是未成年人在犯罪过程中所表现出的各种与犯罪行为相关的情节，如犯罪的性质、危害程度、犯罪的目的等。这些情节对未成年人犯罪具有直接影响，需要重点考虑。非犯罪情节是与未成年人的犯罪行为无直接关联的情节，如未成年犯罪人是否初犯、是否悔罪、个人成长经历和一贯表现等。这些情节对未成年人犯罪的影响通常是间接的。不过，由于它们能在不同程度上体现未成年人的人身危险性，因此，也需要在处理未成年人犯罪时予以考虑。

第二，要综合考虑未成年人犯罪的正向情节和反向情节。所谓正向情节，是指对未成年人的定罪量刑具有积极、正向作用的情节，如犯罪的性质恶劣、社会危害程度严重、犯罪动机恶劣等。所谓反向情节，是指对未成年人的定罪量刑具有消极、反向作用的情节，如犯罪动机可宽恕、犯罪的危害不大、犯罪人一贯表现良好、初犯等。在一个犯罪中，犯罪的正向情节和反向情节往往会同时存在，需要综合地加以权衡和考量。

第三，要重视有关未成年人人身危险性的情节。社会危害性和人身危险性是定罪量刑时需要把握的两个核心要素。其中，社会危害性注重的是对行为人已然犯罪的评价，而人身危险性注重的是对行为人未然犯罪的评价。由于未成年人的年龄较小，其心理也具有更强的可塑性，有关未成年人人身危险性的情节能在一定程度上反映未成年人改造的可能性，因此需要特别重视。对于那些人身危险性较小、具有较强的教育改造可能性的未成年犯罪人，应予以从宽处理。

五、某些未成年人犯罪的出罪条件

关于未成年人犯罪的出罪条件，本条明确规定：“对于偶尔盗窃、抢夺、诈骗，数额刚达到较大的标准，案发后能如实交代并积极退赃的，可以认定为情节显著轻微，不作为犯罪处理。”这是继2006年1月11日《最高人民法院关于审理未成年人刑事案件具体应用法律若干问题的解释》之后，我国又一次对未成年人犯罪的出罪条件作出的明确规定。对于本条的这一规定，应注意以下几个方面：

第一，本条对未成年人犯罪予以出罪处理的法律依据是《刑法》第十三条“但书”的规定。《刑法》第十三条在规定了犯罪的概念之后，采用“但书”的方式规定了“情节显著轻微，危害不大的，不认为是犯罪”。对此，刑法理论上一般认为，这里的“不认为是犯罪”是指不成立犯罪、不构成犯罪，而不是指成立犯罪但不作为犯罪处理。本条关于未成年人犯罪的出罪规定，所依据的就是《刑法》第十三条的这一“但书”规定。这意味着，在对未成年人犯罪进行出罪处理时，应综合考虑未成年人犯罪的各种情节进行综合判断，以认定其是否不成立犯罪。

第二，本条所针对的是未成年人犯罪中常见多发的盗窃、抢夺、诈骗犯罪。从侵害的客体上看，盗窃、抢夺、诈骗犯罪所侵害的客体都仅限于财产，被害后果具有一定的可恢复性，在具备有关条件的情况下，可以将犯罪的危害后果降低到最低程度。因此，在一定条件下对未成年人实施的这类犯罪进行出罪处理，既能够实现对被害人财产的保护，又能体现对未成年犯罪人的保护，有利于促进未成年人改造自新。

第三，本条所规定的未成年人犯罪的出罪具有三个方面的限制条件。根据本条的规定，未成年人实施盗窃、抢夺、诈骗犯罪的出罪条件包括：(1)犯罪的危害程度较轻，“数额刚达到较大的标准”，即刚刚达到盗窃、抢夺、诈骗罪的定罪数额标准。这是未成年人实施这类财产犯罪出罪化的基本条件。如果未成年人盗窃、抢夺、诈骗的财产数额远远超出了较大的标准，或者属于数额巨大，则不能对其作出罪化处理。(2)案发后能如实交代。所谓如实交代，是指未成年人归案后能够如实交代自己的罪行。这表明未成年人的人身危险性较小，具备了对其不作为犯罪处理的条件。否则，如果未成年人归案后拒不认罪，没有悔改表现，不对其进行教育、改造，则其便有可能会再次实施犯罪，继续危害社会。(3)案发后积极退赃。积极退赃在财产犯罪中具有多重意义：一方面，积极退赃是行为人悔罪的表现，表明行为人人身危险性较轻，可以对其从宽处理；另一方面，积极退赃可以弥补被害人的财产损失，降低行为的社会危害性，同时能得到被害人的谅解，从而具备从宽处理的基础。值得提出的是，本条在设置未成年人犯罪出罪处理的上述三个限制条件时，强调了三个条件必须同时具备。

六、未成年人犯罪的从宽处罚的细化

《刑法》第十七条第三款规定：“已满十四周岁不满十八周岁的人犯罪，应当从轻或者减轻处罚。”但是，对于如何在具体的刑种和刑罚制度上实现对未成年人犯罪的从宽处罚，则缺乏明确规定。为此，2006年1月11日

《最高人民法院关于审理未成年人刑事案件具体应用法律若干问题的解释》结合未成年人刑事案件的实际情况，对一些具体情形下的未成年人犯罪从宽处罚作了明确规定。本条则在2006年1月11日《最高人民法院关于审理未成年人刑事案件具体应用法律若干问题的解释》的基础上进一步强调了从宽原则在未成年人犯罪案件中的具体运用，以贯彻宽严相济刑事政策。从内容上看，本条关于未成年人犯罪的从宽处罚的规定涉及以下几个方面：

第一，对于罪行较轻的，可以依法适当多适用缓刑或者判处管制、单处罚金等非监禁刑。这既体现了宽严相济刑事政策在未成年人犯罪案件的运用，又体现了对未成年犯罪人的保护，有利于促进未成年犯罪人的改造。这是因为，一方面，对未成年犯罪人更多地适用缓刑或者非监禁刑，可以减少监禁中交叉感染对未成年人的不良影响，同时，还可以有效地减少刑罚对未成年人产生的不良心理烙印。另一方面，对未成年犯罪人更多地适用缓刑或者非监禁刑，有利于未成年人更好地社会化，提高未成年人适应社会的能力，也有利于减少未成年犯罪人的再犯率。

第二，对于罪行较轻，依法可免予刑事处罚的，应当免予刑事处罚。这是非刑罚化在未成年人犯罪案件中的适用，体现了对未成年人犯罪的从宽处罚精神。值得注意的是，本条明确地将“可”免予刑事处罚，解释为“应当”免予刑事处罚。这实际上相当于剥夺了法官针对未成年人犯罪适用免予刑事处罚问题上的自由裁量权。今后法官在遇到依法可以免予刑事处罚的未成年人轻微犯罪案件，均应当对未成年犯罪人免予刑事处罚。

第三，对于犯罪情节严重的未成年人，也应当依照《刑法》第十七条第三款的规定予以从轻或者减轻处罚。宽严相济刑事政策既有宽一面，但同时也包含了严的一面，它要求我们在具体犯罪案件中作到宽中有严、严中有宽、宽严相济。但是，在未成年人犯罪案件中，本条规定更强调对未成年人犯罪的从宽一面。因此，即便是对于犯罪情节严重的未成年人犯罪，也不得以宽严相济刑事政策中对严重犯罪从严惩处的精神为根据而不对未成年犯罪人适用《刑法》第十七条第三款从宽处罚的规定。

第四，对于已满14周岁不满16周岁的未成年犯罪人，一般不判处无期徒刑。对于未成年犯罪人能否适用无期徒刑，我国刑法理论界曾有不同的认识，司法实务界的做法也不统一。从我国刑法的规定看，虽然我国刑法典没有禁止对未成年犯罪人适用无期徒刑，但是，一方面，《刑法》第十七条第三款明确规定了对未成年犯罪人应当从轻或者减轻处罚，而我国刑法典第四十九条同时规定对未成年犯罪人不得适用死刑，由于无期徒刑的不可分割性，因而《刑法》第十七条第三款的规定实际上在逻辑上限制了无期徒刑在未成年人犯罪案件中的适用；另一方面，未成年人心理和生理发育都不成熟，可塑性大，而无期徒刑属于一种非常严厉的刑罚，被判处无期徒刑的犯罪人至少要被执行十年以上有期徒刑。对未成年犯罪人适用如此严厉的刑罚，显然不利于对未成年人的改造。因此，虽然我国刑法典没有明确禁止对未成年人适用无期徒刑的条款，但司法实务界都认同应当对未成年人慎用无期徒刑。2006 年 1 月 11 日《最高人民法院关于审理未成年人刑事案件具体应用法律若干问题的解释》也对此作了类似的规定。

为了进一步明确对未成年人慎用无期徒刑的态度，同时也为了有效贯彻宽严相济刑事政策，本条明确规定："对于已满十四周岁不满十六周岁的未成年犯罪人，一般不判处无期徒刑。"这一规定实际上包含了两个方面的意思：一方面，该条并没有禁止对已满 14 周岁不满 16 周岁的人适用无期徒刑；另一方面，该条强调了对已满 14 周岁不满 16 周岁的人一般不判处无期徒刑。这是带有明显倾向性的一种规定，意味着只要没有特殊情况，对已满 14 周岁不满 16 周岁的人就不能判处无期徒刑。

不过，值得指出的是，本条虽然没有提及已满 16 周岁不满 18 周岁的人能否适用无期徒刑的问题，但是这并不表明本条对已满 16 周岁不满 18 周岁的人适用无期徒刑持积极赞同态度。实际上，对已满 16 周岁不满 18 周岁的人，也应当慎用无期徒刑。

量刑规范化典型案例评析

袁冬兵、马小亮抢劫案

吴晓蓉　华　宇*

【问题提示】

在抢劫案件中如何对各个量刑情节进行量化并得出宣告刑？当从犯、立功等量刑情节同时存在时应当如何量刑？个案中法官如何行使自由裁量权？

【要点提示】

被告人具有从犯、立功、坦白等量刑情节时，应当适用“部分连乘、部分相加减”的量刑方法进行量刑。在规范量刑的同时，合议庭可以根据个案的具体情况，适用一定幅度的自由裁量权对拟定宣告刑进行修正。

【案例索引】

一审：江苏省姜堰市人民法院（2011）泰姜刑初字第0116号刑事判决（2011年6月13日）。

【案情】

公诉机关：江苏省姜堰市人民检察院。

被告人：袁冬兵。

被告人：马小亮。

姜堰市人民法院经审理查明，被告人袁冬兵曾因赌博问题和张文龙产生矛盾，后其预谋借卖骰子给张文龙之机向张强索钱财，并于2010年5月25

* 江苏省姜堰市人民法院法官。

日召集被告人马小亮和袁晓军等人帮忙。当日被害人陶明受张文龙委托来被告人袁冬兵处取骰子。被告人袁冬兵开价5000元，遭拒后其用手打被害人陶明头面部、用脚踢陶明并令其下跪、用热水瓶砸陶明。被告人马小亮和袁晓军也在一旁助阵。被害人陶明被迫交出自己的江苏银行信用卡，并说出密码。被告人袁冬兵、马小亮等人于当日挟持陶明通过POS机刷卡提现人民币5000元。

案发后，被告人马小亮于2011年1月5日被公安机关抓获，其向公安机关提供具体线索，将在本市张甸镇蔡官村某户人家做佛事的被告人袁冬兵抓获。被告人袁冬兵的近亲属已经代为退出全部赃款给被害人陶明。两被告人归案后均如实供述了自己的犯罪事实，主动接受财产刑处罚。

【审判】

姜堰市人民法院经审理认为，被告人袁冬兵、马小亮伙同他人以非法占有为目的，使用暴力手段劫取他人财物，其行为已构成抢劫罪，依法应予惩处。被告人袁冬兵在共同犯罪中起主要作用，是主犯，应当按照其所参与的或者组织、指挥的全部犯罪处罚。被告人马小亮在共同犯罪中起次要作用，是从犯，依法应当从轻或者减轻处罚。被告人马小亮协助公安机关抓获同案犯，具有立功表现，依法可以从轻或者减轻处罚。被告人袁冬兵、马小亮在归案后能够如实供述犯罪事实，依法可以从轻处罚。被告人袁冬兵、马小亮结伙抢劫，可以酌情从重处罚。被告人袁冬兵、马小亮主动接受财产刑处罚、被害人的经济损失得到挽回，均可对两被告人酌情从轻处罚。本案中被告人抢劫的对象并非针对素不相识的不特定陌生人，抢劫犯罪的发生有一定的原因，两被告人的主观恶性较一般抢劫罪犯而言相对较小，亦可在两被告人量刑时酌情予以考虑。综合本案的相关事实和量刑情节，可以对被告人袁冬兵从轻处罚、对被告人马小亮减轻处罚。公诉机关指控被告人袁冬兵、马小亮犯抢劫罪的事实清楚，证据确实、充分，指控的罪名正确，提出的量刑建议适当，予以支持。据此，依照《中华人民共和国刑法》第二百六十三条、第二十五条第一款、第二十六条第一款、第四款、第二十七条、第六十七条第三款、第六十八条以及《最高人民法院、最高人民检察院、司法部关于适用普通程序审理“被告人认罪案件”的若干意见（试行）》第九条之规定，于2011年6月13日判决如下：

一、被告人袁冬兵犯抢劫罪，判处有期徒刑四年，并处罚金人民币5000元；

二、被告人马小亮犯抢劫罪，判处有期徒刑二年六个月，并处罚金人民币3000元。

宣判后，在法定期间内，被告人袁冬兵、马小亮没有上诉，检察机关也没有提出抗诉。

【评析】

量刑过程中如何量化各个量刑情节的比例得出宣告刑？

本案中，两被告人犯抢劫罪，不具有结果加重情形，依法应当判处三年以上十年以下有期徒刑，并处罚金。具体量刑过程：

首先，确定量刑起点。《人民法院量刑指导意见（试行）》（以下简称《量刑指导意见》）规定，抢劫一次的，可以在三年至五年有期徒刑幅度内确定量刑起点。按照江苏省高院细则规定，抢劫一次的，量刑起点为有期徒刑四年。故两被告人量刑起点为有期徒刑四年。

其次，确定基准刑。《量刑指导意见》规定，在量刑起点的基础上，可以根据抢劫数额、次数、手段、致人伤亡的后果等其他影响犯罪构成的犯罪事实增加刑罚量，确定基准刑。根据江苏省高院实施细则，抢劫犯罪，数额每增加200元，增加一个月确定基准刑。故两被告人基准刑为48＋5000÷200＝73个月。

最后，根据量刑情节调节基准刑。

（一）提取量刑情节

1. 被告人袁冬兵具有的量刑情节分析

（1）被告人袁冬兵归案后如实供述了自己的犯罪事实，且庭审中自愿认罪，应当认定为具有坦白情节，依法可以从轻处罚。坦白情节是《刑法修正案（八）》新规定的法定量刑情节，《量刑指导意见》尚未对此作出规定，但可以参照《量刑指导意见》第三部分第6条关于“如实供述司法机关尚未掌握的同种罪行”的规定，减少基准刑的20%以下。值得注意的是，与自首情节相同，坦白情节的成立应当以自愿认罪为前提，因此，适用该情节以后，无需考虑被告人自愿认罪情节再予从轻处罚。合议庭综合考虑被告人坦白、认罪的具体情节，确定对被告人袁冬兵轻处15%。

（2）被告人袁冬兵结伙抢劫。江苏省高院实施细则规定，结伙抢劫的，增加基准刑的10%以下。本案中，被告人袁冬兵纠集同伙三人共同实施抢劫犯罪，有一定的主观恶性，合议庭确定对其重处5%。

（3）主动退赃。《量刑指导意见》规定：对于退赃、退赔的，综合考虑犯罪性质、退赃、退赔行为对损害后果所能弥补的程度，退赃、退赔的数额及主动程度等情况，可以减少基准刑的30%以下。江苏省高院实施细则规定，抢劫等暴力型案件，全部退赃、退赔的，一般可以减少基准刑的20%以下。本案中，被告人袁冬兵全部退赃，考虑本案的犯罪性质和数额，合议庭确定对被告人轻处10%。

（4）主动接受财产刑处罚。被告人袁冬兵归案后悔罪态度较好，积极主动接受财产刑处罚，按照泰州中院量刑细则规定，可以轻处10%。

2. 被告人马小亮具有的量刑情节分析

（1）被告人马小亮在共同犯罪中起次要作用，系从犯。依法应当从轻或减轻处罚。《量刑指导意见》规定，对于从犯，应当综合考虑其在共同犯罪中的地位、作用以及是否实施实行行为等情况，予以从宽处罚，可以减少基准刑的20%～50%。《江苏省高级人民法院〈人民法院量刑指导意见（试行）〉实施细则》规定，对于一般共同犯罪中的从犯，参与实施少量或部分犯罪实行行为的，可以减少基准刑的30%。本案中，被告人马小亮具有帮助限制被害人人身自由、语言威胁、开车取款等实行行为，合议庭确定对其轻处30%。

（2）被告人马小亮归案后协助抓获了同案犯，具有立功情节，依法可以从轻处罚。《量刑指导意见》规定，对于立功情节，综合考虑立功的大小、次数、内容、来源、效果以及罪行轻重等情况，确定从宽的幅度。一般立功的，可以减少基准刑的20%以下。江苏省高院实施细则规定，一般立功的，可以减少基准刑的10%以下。合议庭根据本案被告人马小亮立功的具体情节，确定对其轻处10%。

（3）被告人马小亮归案后也如实供述了自己的主要犯罪事实，且当庭自愿认罪，如实供述了自己的主要犯罪事实，根据刑法第六十七条第三款的规定，应当认定为具有坦白情节，可以从轻处罚。参照《量刑指导意见》第三部分第6条的规定，可以轻处15%。

（4）被告人马小亮参与结伙抢劫。江苏省高院实施细则规定，结伙抢劫的，增加基准刑的10%以下。本案中，被告人马小亮伙同多人共同实施抢劫犯罪，有一定的主观恶性，合议庭确定对其重处5%。

（5）退赃挽回被害人经济损失。本案中，被告人马小亮作为共同犯罪中的从犯，未分得赃款。案发后，主犯袁冬兵退出了赃款，挽回了被害人的全部经济损失。合议庭认为，也可对被告人马小亮酌情轻处5%。

（6）主动接受财产刑处罚。被告人马小亮归案后悔罪态度较好，积极主动接受财产刑处罚，按照泰州中院量刑细则规定，可以轻处10%。

此外，公诉机关在提起量刑建议时，还提出被告人袁冬兵、马小亮在羁押期间表现较好，建议对两被告人从轻处罚，合议庭经评议认为，被告人在羁押期间的表现应作为悔罪表现的一部分，在坦白、认罪情节中一并考量，无需单独作为量刑情节予以评价。

（二）根据总则规定的方法运算

被告人袁冬兵具有法定、酌定从轻处罚情节，根据《量刑指导意见》规定，适用同向相加、逆向相减的量刑方法，拟定宣告刑为73个月×（1+5%－15%－10%－10%）≈51个月。

被告人马小亮具有法定、酌定从轻、减轻处罚情节，根据《量刑指导意见》规定，应当先用优先情节（从犯）对基准刑进行调节，在此基础上，再用其他量刑情节适用同向相加、逆向相减的量刑方法进行调节。拟定宣告刑为73个月×（1－30%）×（1+5%－15%－5%－10%－10%）≈33个月。《量刑指导意见》还规定，根据案件的具体情况，合议庭可以在10%的幅度内进行调整。本案中，合议庭经评议认为，被告人袁冬兵因赌博纠纷欲报复张文龙，产生抢劫犯罪故意，两被告人主观恶性相对于常见抢劫犯罪而言较小，故决定分别行使一定的自由裁量权，对被告人酌情从轻3个月。故确定被告人袁冬兵的宣告刑为有期徒刑四年，并处罚金人民币5000元；被告人马小亮的宣告刑为有期徒刑二年六个月，并处罚金人民币3000元。

判决后，被告人没有上诉，公诉机关也没有抗诉，说明本案的量刑结果是适当的，符合罪刑相当原则的要求。

胡衍华盗窃案

余行飞*

【问题提示】

如何根据非法占有目的的内容确定盗窃罪个案的基本犯罪构成事实，进而确定量刑起点？具体案件中，量刑情节调节基准刑后，仍然罪责刑不相适应的，如何调整刑期？

【要点提示】

在盗窃案件中，应当根据行为人非法占有目的的内容和实际占有他人财物的行为确定基本犯罪构成事实。量刑情节对基准刑进行调节后，仍然罪责刑不相适应，且与以往同类案件量刑仍有偏差的，应当综合考虑被告人犯罪行为是否初犯、偶犯以及庭审中是否当庭自愿认罪、犯罪后是否具有明显的

* 江西省南昌市中级人民法院法官。

悔罪表现等方面，在10%的幅度范围内对刑期进行调整。

【案例索引】

一审：江西省南昌市青山湖区人民法院（2011）湖刑初字第95号刑事判决（2011年6月3日）。

【案情】

公诉机关：江西省南昌市青山湖区人民检察院。

被告人：胡衍华。

江西省南昌市青山湖区人民法院经审理查明，2010年1月22日23时30分左右，被告人胡衍华来到本市南钢棒材分厂棒材仓库附近，将王俊与万淑斌合伙开的江西巨通物流货运公司停放在此处等待装货的赣A05705蓝色解放牌大货车偷开出南钢厂区。胡衍华将该货车开到南昌县320国道与南昌县银河西路交界处的路边一补胎店，拆下大货车后面四个车轮（价值人民币7900元），并将四个车轮藏匿于其在南昌县武阳楞上村的家中。后胡衍华将所盗开的大货车停放在江西巨通物流货运公司定点修车店昌东大道胡毛寸汽车修理店门前。2010年1月27日晚上20时许，被告人胡衍华委托朋友樊九保等人将所盗四个车轮送至南钢大道与昌东大道交界的“光板”开的补胎店，并告知被害人万淑斌将轮胎领回。2011年3月11日，被告人胡衍华到南昌市公安局齐城岗分局投案自首。

【审判】

江西省南昌市青山湖区人民法院认为，被告人胡衍华以非法占有为目的，秘密窃取他人财物，价值人民币7900元，数额较大，其行为已构成盗窃罪。但被告人胡衍华主动投案，并如实供述自己罪行，具有自首情节，依法可以从轻处罚。且其在案发前将赃物归还被害人，依法可酌情从轻处罚。公诉机关的指控事实清楚，证据确实、充分，适用法律正确，指控罪名成立。辩护人关于被告人胡衍华具有自首情节，且系初犯，所盗赃物均已如数归还受害者的辩护意见，与查明的事实、证据相符，本院予以采纳。但其关于被告人胡衍华是因为王长华欠其工资，而受害人王俊是王长华的弟弟，所以才偷受害人王俊的轮胎抵王长华所欠其工资，被告人胡衍华主观恶性不大的辩护意见，因仅仅有被告人胡衍华的供述，没有其他证据印证，故该辩护意见本院不予采纳。依照《中华人民共和国刑法》第二百六十四条、第六十七条第一款、《最高人民法院、最高人民检察院、司法部关于适用普通程序审理“被告人认罪案件”的若干意见（试行）》第九条之规定，判决如下：被告人胡衍华犯盗窃罪，判处有期徒刑十个月，并处罚金人民币5000元。

一审宣判后，被告人胡衍华在法定期限内未提出上诉，检察机关也未提出抗诉，一审判决已经发生法律效力。

【评析】

根据《人民法院量刑指导意见（试行）》（以下简称《量刑指导意见》）规定的量刑步骤，量刑的第一步是确定案件的基本犯罪构成事实，只有基本犯罪构成事实确定了，才能在相应的法定刑幅度范围内确定量刑起点。从法院审理查明的事实看，本案犯罪事实清楚，被告人及其辩护人对犯罪事实也无异议。但在本案审理过程中，对本案的基本犯罪事实如何，有两种不同的意见：第一种意见认为，被告人胡衍华盗窃的财物为一辆解放牌汽车，而不是公诉机关指控的四个轮胎。理由是被告人胡衍华以非法占有为目的，采取秘密方式，将被害人所有的一辆解放牌汽车开走，此时，被告人胡衍华实际上已经通过盗窃行为控制并占有了车辆，而被害人也丧失了对车辆占有和控制的事实，其盗窃行为已经完成，至于其后将四个轮胎拆下并将车辆开回被害人公司定点修车店的行为，系对赃物的处分行为，属于刑法上的事后不可罚行为，不影响被告人胡衍华盗窃罪的成立。因此，公诉机关仅将四个轮胎的盗窃数额作为被告人胡衍华的盗窃数额进行指控，不妥当。第二种意见认为，公诉机关指控以被告人胡衍华所盗窃的四个轮胎的价值作为盗窃数额符合盗窃罪的法律规定，被告人胡衍华虽然将被害人所有的一辆解放牌汽车偷开出被害人所在公司的停车地点，但其将车辆偷开出去后，只是将车辆全部轮胎中的四个拆下，后其将车辆开回被害人公司定点修车店，由此可以认定被告人胡衍华并无非法占有整个车辆的目的，其最终的目的是要占有车辆的四个轮胎，根据主客观一致的定罪原则，应当认定被告人胡衍华所盗窃的财物为四个轮胎，盗窃数额应当为四个轮胎的价值，而不是整个车辆的全部价值。

笔者同意第二种观点。首先，无论从刑法理论还是司法实践上看，盗窃罪在主观上除需要有盗窃的故意外，还需要有行为人具有非法占有的目的，非法占有的目的直接关系到犯罪的成立和刑事责任的大小。刑法中存在两种意义的目的：一种是目的犯中的目的，它是一种不同于一般犯罪目的的特定犯罪目的，二者的区别在于特定的犯罪目的属于主观目的，是外部行为有意义的意欲，而一般的犯罪目的属于行为目的，是外部行为单纯的意欲。另一种诸如非法占有目的、非法营利目的、以出卖为目的等刑法所规定的目的犯之所谓目的，其实质是犯罪所要达到的一种状态。盗窃罪中的非法占有的目的就属于后一种目的。具体到本案，被告人胡衍华实施犯罪行为所要达到的目的就是对车辆轮胎的非法占有，而不是对整个车辆的占有，这必须将其所实施的全部行为作为整体考察才能体现出来，如果割裂地看被告人胡衍华的行为，就很容易得出第一种观点所具体的结论。其次，被告人胡衍华将汽车偷开出去的目的是为了盗窃车辆的轮胎。从被告人胡衍华的整个行为看，其将汽车偷开出去后，并没有将车辆隐藏、变卖或者进行其他处理，而是将其中的四个轮胎拆下后，将车辆开回被害人公司所在的定点修理厂，实际上是将车辆置于被害人的控制范围之内。因此，其并无非法占有车辆的目的和行为。被告人胡衍华拆下车辆的四个轮胎后，车辆的整体功能并未受到影响，车辆还可以正常开行，其偷开车辆的行为是为盗窃车辆轮胎的目的行为服务的，这与被告人胡衍华的供述和客观行为相吻合，其只是在当时无法搬运车辆轮胎的情况下，才将车辆偷开出去，后其又开回被害人所在公司的定点修理厂。因此，其并无占有整个车辆的目的和行为。再次，被告人胡衍华盗窃车辆的行为不属盗窃机动车辆当作犯罪工具使用的情形。《最高人民法院关于审理盗窃案件具体应用法律若干问题的解释》第十二条第（三）项规定："为盗窃其他财物，盗窃机动车辆当犯罪工具使用的，被盗机动车辆的价值计入盗窃数额。"而第一种观点就认为，即便被告人胡衍华的目的不是非法占有机动车辆（解放牌汽车），其盗窃机动车的目的也是为了盗窃其他财物，因此，根据上述规定，解放牌汽车的价值应当作为犯罪数额计算。对此，本文认为，上述规定是将机动车作为犯罪工具使用的情形，而本案中，被告人胡衍华既未将所偷开的机动车当作犯罪工具使用，不存在目的与手段的牵连关系，也未将该汽车用于盗窃其他财物，而是将解放牌汽车中一部分的轮胎拆下后将汽车还回给被害人，其性质就类似于盗窃汽车中油箱中的汽油或者某个可分割的零件，如果将盗窃汽车油箱中的汽油或者某个可分割零件的行为认为是盗窃整个汽车的行为，在大众观念上是难以接受的。最后，盗窃的车辆也不能作为从重处罚的情节。《最高人民法院关于审理盗窃案件具体应用法律若干问题的解释》第五条第（十三）项规定："盗窃行为给失主造成的损失大于盗窃数额的，损失数额可作为量刑的情节。"本案中，被告人胡衍华偷开车辆后，将其中的四个轮胎拆下后，将所盗窃的车辆还给被害人，并未给被害人造成实际的损失，因此，所盗窃的车辆并不能认定是给被害人造成的损失数额，更不能将盗窃车辆的事实作为一个量刑情节予以考虑。但对此问题，案件审理过程中也有不同的观点认为，《最高人民法院关于审理盗窃案件具体应用法律若干问题的解释》（法释［1998］4号）第十二条第（三）项规定："为实施其他犯罪，偷开机动车辆当犯罪工具使用后，将偷开的机动车辆送回原处或者停放到原处附近，车辆未丢失的，按照其所实施的犯罪从重处罚。"因此，被告人胡衍华虽然将车停放回了被害人的控制范围内，车辆未丢失，但应当根据上述规定从重处罚。笔者认为，被告人胡衍华在本案中偷开解放牌汽车，既不是为了实施其他犯罪，也不是为了将偷开的车辆当作犯罪工具使用，其本身就是为了盗窃解放汽车一部分的四个轮胎，这四个轮胎被被告人胡衍华拆下后，亦不影响汽车的功能，因此，被告人胡衍华的行为根本不符合上述司法解释规定的情形，不能根据上述规定认定为从重处罚的情形。

综上，本案的基本犯罪事实是：被告人胡衍华采取秘密窃取手段，盗窃被害人所有的解放牌汽车上的四个轮胎（经物价部门估价的价值为人民币 7900 元）的行为。即本案的基本犯罪构成事实是“被告人胡衍华一次盗窃他人财物价值人民币 7900 元”，这也是在法定刑幅度范围内确定量刑起点的依据。

《最高人民法院关于审理盗窃案件具体应用法律若干问题的解释》第三条规定，盗窃公私财物“数额较大”、“数额巨大”、“数额特别巨大”的标准如下：（一）个人盗窃公私财物价值人民币 500 元至 2000 元以上的，为“数额较大”。（二）个人盗窃公私财物价值人民币 5000 元至 2 万元以上的，为“数额巨大”。（三）个人盗窃公私财物价值人民币 3 万元至 10 万元以上的，为“数额特别巨大”。各省、自治区、直辖市高级人民法院可根据本地区经济发展状况，并考虑社会治安状况，在前款规定的数额幅度内，分别确定本地区执行的“数额较大”、“数额巨大”、“数额特别巨大”的标准。《江西省高级人民法院、江西省人民检察院、江西省公安厅关于确定我省执行盗窃罪具体数额标准的规定》规定，根据《最高人民法院、最高人民检察院、公安部关于盗窃罪数额认定标准问题的规定》的规定，结合我省经济发展状况和社会治安状况，现确定我省执行盗窃罪具体数额标准如下：一、个人盗窃公私财物“数额较大”，以 1000 元为起点。二、个人盗窃公私财物“数额巨大”，以 1 万元为起点。三、个人盗窃公私财物“数额特别巨大”，以 5 万元为起点。综合上述规定，被告人胡衍华盗窃罪的法定刑为“三年以下有期徒刑、拘役或者管制，并处或者单处罚金”。《量刑指导意见》规定：“构成盗窃罪的，可以根据下列不同情形在相应的幅度内确定量刑起点：（1）达到数额较大起点的，或者一年内入户盗窃或者在公共场所扒窃三次的，可以在三个月拘役至六个月有期徒刑幅度内确定量刑起点。”《江西省高级人民法院〈人民法院量刑指导意见（试行）〉实施细则》（以下简称《量刑实施细则》）关于盗窃量刑起点的规定与最高人民法院的规定一致。因此，根据上述规定，被告人胡衍华一次盗窃他人财物价值人民币 7900 元的量刑起点为拘役三个月。至此，量刑的第一步完成。

《量刑指导意见》规定的量刑步骤的第二步为，“根据其他影响犯罪构成的犯罪数额、犯罪次数、犯罪后果等犯罪事实，在量刑起点的基础上增加刑罚量确定基准刑”。本案中，被告人胡衍华一次盗窃的数额为人民币 7900

元，从盗窃的次数上看，被告人盗窃只有一次，因此，确定基准刑最主要考虑的就是盗窃的数额。在量刑起点的基础上，可以根据盗窃数额、次数、手段等其他影响犯罪构成的犯罪事实增加刑罚量，确定基准刑。《量刑实施细则》关于盗窃罪部分规定："在量刑起点的基础上，可以根据盗窃数额、次数、手段等其他影响犯罪构成的犯罪事实增加刑罚量，确定基准刑。（1）盗窃数额在一千元以上不满一万元的，每增加三百元，增加一个月刑期。（2）盗窃数额在一万元以上不满五万元的，每增加六百元，增加一个月刑期。（3）盗窃数额在五万元以上的，每增加五千元，增加一个月刑期。（4）每增加盗窃一次，增加一个月至二个月刑期，但法定刑在三年以下的，累计增加的刑期不超过一年；法定刑为三年至十年有期徒刑或者十年以上有期徒刑的，累计增加的刑期不超过二年。"从本案的犯罪事实看，应当适用"盗窃数额在一千元以上不满一万元的，每增加三百元，增加一个月刑期"的规定，但关键的是增加盗窃数额应当以什么数额为起点，是以1000元为起点，还是以2000元、3000元或者其他的数额为起点。关于这一点，要结合当地的实际情况。根据江西南昌当地的做法和过去的量刑比较，在本案的量刑过程中，我们选取人民币1000元作为本案确定量刑起点的数额，增加刑罚量应当在此数额的基础上根据《量刑实施细则》的规定进行。因此，本案增加的刑罚量为23个月［（7900元－1000元）÷300元/月］。因此，本案的基准刑为量刑起点3个月刑期＋应当增加的刑罚量23个月刑期＝26个月。

《量刑指导意见》规定的量刑步骤的第三步为，"根据量刑情节调节基准刑，并综合考虑全案情况，依法确定宣告刑"。这实际上包含两个步骤。这两步就是《量刑实施细则》规定的量刑的第三步和第四步，即"（3）根据优先适用的量刑情节对基准刑进行调节，再用其他量刑情节进行调节，确定拟宣告刑；（4）综合考虑全案情况，根据确定宣告刑的方法对拟宣告刑进行调整，依法确定宣告刑"。因此，这一步首先必须确定被告人具有的量刑情节，并确定相应的幅度。根据查明的事实，归纳出被告人胡衍华具有量刑情节如下：第一，被告人胡衍华具有自首的量刑情节。被告人胡衍华主动到公安机关投案后，如实供述自己的罪行，属于刑法和司法解释规定的标准的自首。《量刑实施细则》规定："对于自首情节，综合考虑投案的动机、时间、方式、罪行轻重、如实供述罪行的程度以及悔罪表现等情况，可以减少基准刑的40%以下；犯罪较轻的，可以减少基准刑的40%以上或者依法免除处罚。"根据上述规定，对被告人胡衍华具有的自首情节减少基准刑的比例确定为25%。第二，被告人胡衍华具有案发前将全部赃物归还给被害人的量刑情节。《量刑实施细则》关于盗窃罪规定："有下列情节之一的，可以减少基准刑的50%以下：（1）在案发前自动将赃物放回原处或归还被害人的。……”鉴于本案的情况，对被告人胡衍华具有的“案发前将赃物归还给被害人”的量刑情节减少基准刑的比例确定为30%。第三，被告人胡衍华还具有当庭自愿认罪的量刑情节。但《量刑实施细则》的规定，“对于当庭自愿认罪的，根据犯罪的性质、罪行的轻重、认罪程度以及悔罪表现等情况，可以减少基准刑的10%以下，依法认定自首、坦白的除外”。因本案已经认定被告人胡衍华具有自首情节，因此，其当庭自愿认罪情节就不再单独评价。

根据上述分析，本案被告人胡衍华具有的量刑情节和调节基准刑的比例都已经确定，且这些量刑情节都不属于“优先适用”的量刑情节，根据《量刑指导意见》确定量刑方法和《量刑实施细则》的规定，用量刑情节对基准刑进行调节后，被告人胡衍华的拟宣告刑为12个月［26个月×（1－25%－30%）］。

根据规定的量刑步骤，拟宣告刑确定后，要综合全案事实确定最后的宣告刑。拟宣告刑确定后，本案中还有需要考虑的情节主要是被告人胡衍华的辩护人提出的被告人胡衍华系初犯的情节；根据庭审情况，被告人胡衍华庭审中的认罪态度好；其还具有悔罪表现明显，并以主动履行法院所判处罚金刑的形式表示其悔罪的诚意等酌定量刑情节。综合考虑到被告人具有的上述事实和情节，且与以往同类案件的量刑相比较，可以在拟宣告刑的基础上在进行调整。《量刑指导意见》也规定，在确定宣告刑的过程中，“根据案件的具体情况，独任审判员或合议庭可以在10%的幅度内进行调整”。最后，合议庭决定在拟宣告刑的基础上，对被告人胡衍华的刑期在10%的幅度内在进行调整，最后确定宣告刑为有期徒刑十个月，并处罚金人民币5000元。

【余论】

关于本案的量刑，需要补充的一点就是司法实践中经常出现的初犯、偶犯情节应当如何量刑。最高人民法院及各高级人民法院的量刑指导意见，对初犯、偶犯情节都未作明确的规定，但这又是司法实践中经常出现，也是被告人和辩护人经常提出的量刑情节，在量刑规范化的过程中，如果具备初犯、偶犯情节的，在量刑时可以在合议庭或者独任审判员10%的综合调整权部分予以考虑。将来如果修改量刑指导意见，可以将初犯、偶犯这一情节作为酌定量刑情节之一，在量刑文本中予以规定。

司法工作热点问题研究

财产刑量刑方法的理论与实践探索

——江苏省姜堰市人民法院的样本分析

张桂林[*] 吴晓蓉[**]

2010年10月1日起，中央决定在全国范围内试行量刑规范化改革，最高人民法院制定了《人民法院量刑指导意见（试行)》，针对人民法院一审刑事案件主刑（主要指有期徒刑）的适用作出了指导。随着试行工作的逐步推进，理论界和实务界对于规范量刑改革的思考也将逐步深化。江苏省姜堰市人民法院自2003年推行量刑规范化改革以来，对主刑、附加刑的规范方法进行了同步实践和思考，关于财产刑规范量刑方法的思路也渐成体系。不久前，该院就《姜堰市人民法院量刑指导意见》（以下简称《意见》）中财产刑部分内容进行了修订，本文试结合财产刑刑罚基础、立法现状，围绕条文主要精神就财产刑规范量刑方法作粗浅探讨，以抛砖引玉。

一、财产刑的刑罚基础及立法现状

财产刑是刑罚方式的一种，从其产生到现在已有数千年的历史，在当今刑罚体系中发挥着越来越重要的作用。作为一种刑罚，财产刑的目的不仅在于剥夺犯罪人一定数额的金钱，更在于通过这种刑罚来体现国家对犯罪行为的禁止，对犯罪人及其犯罪行为的否定评价。财产刑适用的主要对象是以营利、贪财为目的的犯罪，如赌博罪、生产、销售罪，窝赃罪、销赃罪，等等；经济犯罪，如贪污、受贿等犯罪；轻罪，如妨害公务等。对不同的适用对象，财产刑侧重于发挥不同的功能：（1）剥夺功能。对于贪利性犯罪，犯

* 江苏省姜堰市人民法院副院长。
** 江苏省姜堰市人民法院审判员。

罪人往往需要以一定的金钱作为犯罪的资本，对其予以金钱上剥夺，可以部分或者完全剥夺其再犯的能力。（2）威慑功能。通过适用财产刑，犯罪人不可能从犯罪中受益，合法金钱还要损失，使犯罪人感受到“偷鸡不成反蚀一把米”，从而起到一般威慑的作用。（3）改造功能。对一些轻型犯罪分子不予监禁，适用财产刑，可以弥补短期自由刑的不足，迫使其通过劳动重新积累财富，使其不脱离社会，又可以达到改造的功效。

《刑法》中共有205个罪名涉及财产刑，其中罚金刑150个，没收财产刑55个。财产刑适用方式存在单处、并处或者选处。对罚金刑数额的规定有三种方式：（1）无限额罚金制；（2）限额罚金制；（3）倍比罚金制。没收财产有没收部分财产和没收全部财产两种。

二、财产刑适用的不平衡及其原因分析

由于财产刑适用范围广，法律、司法解释规定不够明确，相比较于主刑而言，财产刑裁量空间更大，适用不平衡的现象更为突出。实践中，造成财产刑适用不平衡的主要原因还是在于法律规定不健全，缺乏财产刑量刑方法指导，导致法官认识难以统一。突出表现在以下方面：

（一）立法笼统，规范欠缺

在《刑法》规定的205个涉及财产刑的罪名中，有135个罪名属于无限额规定类型，比率高达65.85%。刑法仅对很少一部分罪名的财产刑通过限额、倍比的方式规定了适用空间，而对大部分犯罪而言，财产刑适用只有司法解释规定的下限限制——1000元（未成年人500元），而没有上限的规定。实践中，对财产刑应当如何量刑，各个罪名的财产刑数额确定应考虑什么因素，都缺乏明确的规范，法官难以操作，造成适用上的不均衡。

（二）观念偏差，重主刑，轻附加刑

由于传统重刑主义思想的影响，人们普遍认为，应当对刑事犯罪分子判处生命刑、自由刑。财产刑不是刑罚，而是“以钱赎刑”的表现。刑事法官也普遍存在重主刑，轻附加刑的思想。由于实践中财产刑执行力度不够，空判现象比较严重，财产刑判多判少一个样，也在一定程度上导致法官不够重视财产刑的适用。

（三）缺乏科学规范的财产刑量刑方法

财产刑与主刑之间怎样实现均衡，个案中的法定、酌定量刑情节对财产刑数额有无影响，如何影响，犯罪分子经济承受能力对财产刑量刑有无影响等，均缺乏科学规范的方法和理念指导。

三、规范财产刑量刑的理念及其实现

在法律规范不明确的情况下，如何发挥司法的功能，尽可能地实现财产刑量刑的均衡，是实务界努力探求的方向。我们认为，寻求财产刑规范量刑方法过程中应当坚持下列理念：

（一）财产刑应在法律规定的幅度范围内适用

主要体现为：（1）刑法规定在某个法定刑幅度内可以并处或单处财产刑的，才可以适用财产刑，刑法未规定可以并处或单处财产刑的，不可以适用财产刑；（2）财产刑数额应当在法律或司法解释规定的幅度范围内；（3）主刑减轻处罚的，也应在下一个法定刑幅度范围内依法适用财产刑。

《刑法》及其司法解释对某一类犯罪未就财产刑数额作出规定的，其他部门法及行政法规规定的行政处罚罚款幅度可以作为该类犯罪财产刑量刑的参照。如《刑法》第三百四十五条规定，盗伐林木的，应当并处或单处罚金，但罚金数额未作出具体规定。《森林法》第三十九条规定，盗伐林木的，应当并处盗伐林木价值三倍以上十倍以下的罚款。该行政法规规定即可作为该类犯罪财产刑量刑的参照。

没有参照来源的，可由各地法院自由裁量，确定相对统一的适用标准。如抢劫犯罪，姜堰法院规定，主刑拟定宣告刑为有期徒刑三年的，并处罚金人民币1000元，每增加一年，增加1000元，但不得少于犯罪数额的一倍。

（二）财产刑量刑应当建立起规范的量刑方法和步骤

由于立法的不完善，相比较于主刑而言，摒弃估堆量刑的模式，建立一套规范的财产刑量刑方法显得更为必要。在财产刑量刑方法中，同样应当引入量刑基准、基准刑、拟定宣告刑、宣告刑等量刑概念，并建立“确定财产刑法定刑幅度→确定个罪财产刑量刑基准→确定个案财产刑基准刑→根据量刑情节调节，确定财产刑拟定宣告刑→综合确定财产刑宣告刑”的量刑步骤。

姜堰法院《意见》对财产刑量刑步骤作出如下规定：

“《刑法》对个罪财产刑量刑幅度已作规定的，根据下列步骤确定财产刑宣告刑：（一）根据犯罪数额或主刑宣告刑确定财产刑法定刑幅度；（二）对照本意见规定的财产刑量刑基准，确定个案财产刑基准刑；（三）根据个案量刑情节调节财产刑基准刑，确定个案财产刑拟定宣告刑；刑法规定根据以主刑幅度确定罚金刑幅度的案件，可直接根据主刑拟定宣告刑确定财产刑拟定宣告刑；（四）综合考虑全案情况，依法确定财产刑宣告刑。

“《刑法》对个罪财产刑量刑幅度未作规定的，根据主刑拟定宣告刑高低，对照本意见规定的财产刑量刑标准，确定个案财产刑拟定宣告刑，再综合考虑全案情况，依法确定财产刑宣告刑。”

（三）主刑与附加刑应当均衡，并可适当易科

量刑均衡不仅体现为不同地区、不同被告人相似情形下的主刑量刑均衡，也体现为主刑与附加刑的均衡，财产刑的适用应当与主刑的轻重相适应。具体应当表现为：量刑情节不仅应当作用于主刑，也同样可以作用于附加刑；主刑减轻处罚的，财产刑也应在下一个法定刑幅度量刑。在刑罚轻缓化进程中，短期自由刑的弊端越来越明显，财产刑逐渐发挥越来越重要的刑罚功能。因此，犯罪分子主动接受财产刑处罚的，同样可以实现一定程度的威慑、剥夺、改造功能，同时也节省司法资源，故对其主刑、附加刑量刑时可以适当从轻处罚。但从轻量刑的限度应当严格把握，不宜过宽，避免造成“以钱赎刑”的错误导向。姜堰法院《意见》规定，被告人主动接受财产刑处罚的，可以轻处15%。

（四）财产刑量刑应以刑罚目的观为指导，体现财产刑刑罚功能

由于《刑法》针对不同犯罪，设置财产刑的目的不同，在设定财产刑量刑基准过程中，应当针对不同适用对象，分别实现财产刑的不同功能。对贪利型犯罪更多体现剥夺功能；对经济型犯罪更多体现威慑功能；对轻型犯罪更多体现改造功能。姜堰法院《意见》对于刑法未明确财产刑量刑幅度的案件，在规定一般量刑标准的基础时，还针对常见贪利型犯罪，如开设赌场罪、掩饰、隐瞒犯罪所得罪、组织、强迫、容留、介绍卖淫罪等分别规定了更高的财产刑适用标准，同时，对于复杂犯罪客体的抢劫犯罪规定了相对较低的财产刑适用标准。

（五）财产刑量刑应当与各地经济发展水平相适应

我国幅员辽阔，各地经济发展不平衡。财产刑数额不可避免地要受到各地经济发展水平影响，各地区在设定财产刑量刑基准时应当充分考虑到地区差异。否则，极容易造成空判现象，破坏司法权威。经济发展水平较好的地区，可以适用较高的财产刑量刑基准，经济发展水平一般的地区，可以适用较低的财产刑量刑基准。姜堰法院根据本地区经济状况，在《意见》中一般选择幅度的3/5作为某一类犯罪的财产刑量刑基准。如规定：倍比制罚金刑案件，财产刑量刑基准为法律规定的罚金刑起点加幅度空间的3/5。

四、财产刑的规范量刑方法及实践运用

（一）财产刑量刑基准

财产刑量刑基准，是指不考虑从重从轻量刑情节，仅根据具体个案的社会危害程度，通过设定一定的标准确定的财产刑数额。这里所说的标准，就是财产刑量刑基准。财产刑量刑基准应当由各地法院通过制订量刑细则的方式予以细化，便于实践操作。财产刑量刑基准的设定主要应当考虑到以下几

种因素：（1）法定财产刑幅度。量刑基准应当在法定刑幅度以内，不得突破法定刑的上、下限；（2）犯罪类型。不同犯罪类型中，财产刑刑罚目的不同，量刑基准的高低也应有所区别；（3）各地区经济发展状况。作为一种刑罚手段，财产刑应当具有可执行性，不同地区经济发展水平不同，财产刑量刑标准也应当有所区别。姜堰法院就是在充分考虑上述因素的基础上，对不同类别案件财产刑量刑基准分别作出了不同的规定。

（二）财产刑量刑步骤

鉴于《刑法》对没收财产规定了没收部分财产和没收全部财产两种方式；对罚金刑规定了无限额罚金制、限额罚金制、倍比罚金制三种方式。在规范量刑步骤过程中，可以区分不同情形作不同规定。没收全部财产的刑罚方式不具有自由裁量的空间，也不在规范量刑的范畴之内。故仅需针对没收部分财产、无限额罚金制、限额罚金制、倍比罚金制四种财产刑量刑方法分别规定量刑方法。限额罚金制往往是在不同的法定刑幅度规定一定的罚金数额的上限和下限。倍比罚金制往往是以某个与犯罪有关的数额为基础，然后以其一定的倍数或比例来确定罚金数额，如销售金额、违法所得等等。没收部分财产常见于贪污、受贿等职务犯罪中；无限额罚金制散见于各类犯罪。

姜堰法院《意见》在制订过程中，对部分没收财产、适用倍比罚金制的犯罪，采取规定统一量刑基准，根据犯罪数额确定个案基准刑→根据量刑情节调节基准刑，确定拟定宣告刑→确定宣告刑的量刑方法。对上述限额罚金制和无限额罚金制财产刑，则简化量刑步骤，直接以主刑拟定宣告刑比对一定的标准，得出财产刑拟定宣告刑，再行使一定的自由裁量权，确定财产刑宣告刑的量刑方法。具体规定及适用方法如下：

1. 没收财产刑量刑步骤

（1）《刑法》规定可以没收部分财产的，按照下列标准确定财产刑基准刑：

犯罪所得数额在10万元以下的，财产刑基准刑为犯罪所得数额的1.5倍；犯罪所得数额在10万元以上30万元以下的，财产刑基准刑以15万元为基数，10万元以上的部分按1倍加处；犯罪所得数额在30万元以上的，财产刑基准刑以35万元为基数，30万元以上的部分按70%加处。

（2）根据个案中的量刑情节调节，确定个案财产刑拟定宣告刑；

（3）综合考虑全案情况，依法确定个案财产刑宣告刑。

例一：《刑法》第三百八十三条规定，个人贪污数额在10万元以上的，处十年以上有期徒刑或者无期徒刑，可以并处没收财产。被告人李甲贪污13万元，其具有退赃情节、主动缴纳财产刑情节，累计可以轻处30%。

财产刑量刑步骤为：

（1）确定财产刑基准刑，犯罪数额10万元以下部分按1.5倍处罚，即15万元；犯罪数额在10万元以上30万元以下部分按1倍处罚，即3万元。财产刑基准刑为15万+3万=18万元。

（2）确定财产刑拟定宣告刑，根据量刑情节调节基准刑，即18万×（1-30%）=12.6万元。

（3）依法确定财产刑宣告刑，在无需适用自由裁量权的情况下，李甲财产刑宣告刑即为12.6万元。

2. 倍比罚金刑量刑方法

《刑法》规定以某个与犯罪有关的数额的倍数或比例确定罚金刑幅度的案件，根据下列步骤确定罚金刑宣告刑：

（1）在法律规定的罚金刑起点加幅度空间的3/5处，结合个案犯罪数额确定个案罚金刑基准刑；

（2）根据个案中的量刑情节调节法定罚金刑起点数额以上部分罚金刑基准刑，确定个案罚金刑拟定宣告刑。

（3）综合考虑全案情况，依法确定个案财产刑宣告刑。

例二：《刑法》第二百零二条规定，以暴力、威胁方法拒不缴纳税款的，处三年以下有期徒刑或者拘役，并处拒缴税款一倍以上五倍以下罚金。被告人李乙拒缴税款数额为10万元，其具有自首、退赃量刑情节，累计可以轻处40%。

罚金刑量刑步骤为：

（1）确定罚金刑基准刑，在法律规定的罚金刑起点加幅度空间的3/5处确定个案罚金刑基准刑，罚金刑起点为拒缴数额的1倍，即10万元。幅度空间为拒缴数额的1倍至5倍，该幅度空间的3/5处即为1+（5-1）×3/5=3.4倍。李乙的罚金刑基准刑即为10万×3.4=34万。

（2）确定罚金刑拟定宣告刑，根据量刑情节调节罚金刑起点数额以上部分，李乙的罚金刑拟定宣告刑即为10万+（34万-10万）×（1-40%）=24.4万。

（3）依法确定财产刑宣告刑，一般情况下，李乙罚金刑宣告刑即为24.4万元。

3. 限额制罚金刑量刑步骤

《刑法》根据主刑法定刑幅度确定一定罚金数额的上限和下限的案件，根据下列步骤确定罚金刑宣告刑：

（1）以《刑法》规定的罚金刑起点比对主刑最低刑（主刑为有期徒刑

六个月以下刑种的，比对有期徒刑六个月），《刑法》规定的罚金刑最高数额比对主刑最高刑，确定相应的罚金刑量刑基准；

具有多个法定刑幅度的，以下一个法定刑幅度罚金刑上限的五分之三确定上下法定刑幅度结合点对应的罚金刑量刑基准；

(2) 根据个案主刑拟定宣告刑比对相应的量刑幅度、罚金刑量刑基准确定个案罚金刑拟定宣告刑。主刑拟定宣告刑为拘役、管制、单处罚金的，以法定罚金刑起点额作为罚金刑拟定宣告刑。

(3) 综合考虑全案情况，依法确定个案财产刑宣告刑。

例三：《刑法》第一百七十二条规定，明知是伪造的货币而持有、使用，数额较大的，处三年以下有期徒刑或者拘役，并处或者单处1万元以上10万元以下罚金；数额巨大的，处三年以上十年以下有期徒刑，并处2万元以上20万元以下罚金；特别巨大的，处十年以上有期徒刑，并处5万元以上50万元以下罚金。被告人李丙使用假币数额巨大，主刑拟定宣告刑为五年。

罚金刑量刑步骤为：

(1) 确定个罪罚金刑量刑基准，主刑有期徒刑六个月对应的罚金刑量刑基准为1万元，主刑为有期徒刑十五年的，对应的罚金刑量刑基准为50万元。

三年以下、三年以上十年以下两个法定刑幅度结合点——有期徒刑三年对应的罚金刑量刑基准，可根据三年以下法定刑幅度对应的罚金刑最高数额10万元的五分之三确定为10万×3/5=6万元。

三年以上十年以下、十年以上两个法定刑幅度结合点——有期徒刑十年对应的罚金刑量刑基准，根据三年以上十年以下法定刑幅度对应的罚金刑最高数额20万元的五分之三确定为20万×3/5=12万元。

(2) 根据个案主刑拟定宣告刑比对相应的量刑幅度、罚金刑量刑基准确定个案罚金刑拟定宣告刑。李丙的主刑幅度为三年以上十年以下，在该法定刑幅度内，罚金刑量刑基准为6万元，月平均罚金额为（12万－6万）÷（120个月－36个月）≈714元/月。李丙的罚金刑拟定宣告刑计算为：6万＋714×（60个月－36个月）≈77136元。

(3) 综合考虑全案情况，依法确定个案财产刑宣告刑。根据上述计算结果，从尽可能取整数的原则出发，应适用自由裁量权，确定本案罚金刑宣告刑为77000元。

4. 无限额制罚金刑量刑步骤

《刑法》未明确规定罚金刑适用幅度的案件，根据以下标准确定个案罚金刑拟定宣告刑：

（1）拟单处罚金的，非经济犯罪案件单处罚金数额不少于5000元；经济犯罪案件单处罚金数额不少于涉案金额的1倍；

（2）主刑拟定宣告刑为管制刑的，以管制三个月并处罚金人民币2000元为基数，刑期每增加三个月，罚金增加500元；

（3）主刑拟定宣告刑为拘役刑的，以拘役一个月，并处罚金人民币2000元为基数，每增加一个月，增加500元；

（4）主刑拟定宣告刑为三年以下有期徒刑的，以有期徒刑六个月并处罚金5000元为基数，每增加半年，罚金增加1000元；

（5）主刑拟定宣告刑为三年以上有期徒刑的，以有期徒刑三年并处罚金10000元为基数，每增加一年，罚金增加2000元；

（6）分则另有规定的，从分则。

在罚金刑拟定宣告刑的基础上，可综合考虑全案情况，依法确定个案财产刑宣告刑。

例四：《刑法》第二百六十七条规定，抢夺公私财物，数额较大的，处三年以下有期徒刑、拘役或者管制，并处或者单处罚金。被告人李丁犯抢夺罪，犯罪数额9200元，主刑拟定宣告刑为有期徒刑一年六个月。

罚金刑量刑步骤为：

（1）确定罚金刑拟定宣告刑，以有期徒刑六个月并处罚金5000元为基数，每增加半年，罚金增加1000元。李丁罚金刑拟定宣告刑为5000+1000×2=7000元。

（2）综合考虑全案情况，依法确定个案财产刑宣告刑。

（三）实践中应当注意的问题

长期以来，财产刑量刑被普遍认为是难以细化和规范，任何一种规范量刑方法都会有其局限性，因此，对于按照上述量刑方法计算出来的财产刑拟定宣告刑仍应当加强定性分析，主要体现为：

1. 量刑结果应当尽可能表现为整数。为确保刑事判决结果的严肃性，姜堰法院《意见》还规定，依本意见确定的罚金刑拟定宣告刑在1万元以下的，百位以下数额应四舍五入；罚金刑拟定宣告刑在1万元以上的，千位以下数额应四舍五入。

2. 量刑结果应当符合底线控制的要求。《刑法》规定了罚金刑上下限的，罚金刑宣告刑不得突破法定限额。《最高人民法院关于适用财产刑若干问题的规定》第二条也规定，刑法没有明确规定罚金数额标准的，罚金的最低数额不能少于1000元。同时，为防止多个量刑情节导致量刑结果过低或归零，姜堰法院《意见》还规定，具有一个法定减轻处罚情节时，财产刑宣告刑数额一般不得低于财产刑基准刑的40%；具有两个以上法定减轻处罚情节时，财产刑宣告刑数额一般不得低于财产刑基准刑的30%。

3. 应当保留一定的自由裁量权。法官永远是量刑的主体，规范法官自由裁量权并非对法官的权利的剥夺，在财产刑量刑过程中，同样需要考虑个案的具体情况、被告人的经济状况，作出既符合量刑规范化又符合刑罚个别化的判决结果。姜堰法院《意见》中规定：合议庭（独任庭）在拟定财产刑宣告刑的基础上可行使10%以内的自由裁量权，审判长联席会、分管院长可分别再行使10%的自由裁量权，量刑结果仍不能体现刑法价值的，报请院长或审判委员会决定。

4. 没收财产应当以查明被告人具有可供执行的财产为前提。没收财产是对犯罪分子现有财产的没收，以剥夺其再犯能力，体现威慑功能。因此，没收财产判决的前提是查明犯罪分子财产数额。在其财产范围之内，没收部分财产量刑才有裁量空间可言。

新类型疑难案例选评

胡某某盗窃、诈骗案

黄国盛* 林 毅**

【案情】

程某、曾某欲设立居雅橱柜有限公司，于2010年5月5日在工商行政管理局办理企业名称预先核准，但一直未办理公司设立登记。其后，程某、曾某又设立一加工厂生产橱柜，7月16日，程某、曾某聘请胡某某为执行厂长负责生产以及日常管理，7月26日，胡某某以工厂老板名义联系不知情的第三人林某，由林某将加工厂内价值3万余元的设备买走（并由林某叫人来运输），胡某某得款1万元。

【分歧】

第一种观点认为，胡某某构成职务侵占罪。因程某、曾某已经在工商局办理企业名称预先核准，且以公司名义进行生产经营，应当认定为职务侵占罪规定的“其他单位”，胡某某未经公司负责人同意，利用职便私下将设备卖给他人，构成职务侵占罪。

第二种观点认为，胡某某构成侵占罪。因公司尚未设立，不能认定为《公司法》中的“公司”，在公司尚未经设立登记的情况下，不是职务侵占罪规定的“其他单位”，以公司名义活动的后果应由股东个人承担，因此，程某、曾某设立加工厂的行为应认定为个人合伙行为，而胡某某作为加工厂的管理者，有保管设备的义务，因此构成侵占罪。

第三种观点认为，胡某某构成盗窃罪。胡某某虽为厂长，但仅负责生产以及厂区管理，没有被授权代为保管工厂的生产设备，况且设备在厂房中也

* 作者单位：福建省漳州市人民检察院。
** 作者单位：福建省龙海市人民检察院。

无需其保管，因此，不符合侵占罪的要求。胡某某偷卖工厂财产的行为，构成盗窃罪。

第四种观点认为，胡某某盗卖设备构成盗窃罪和诈骗罪。胡某某利用不知情的林某将工厂财产运走，构成盗窃罪的间接正犯，同时，胡某某虚构为设备为其所有的事实，骗取林某1万元的货款，还构成诈骗罪，应当数罪并罚。

［评析］

利用职便盗卖尚未设立的公司财产行为如何定性

笔者赞成第四种意见，理由：

1. 胡某某盗卖的财产为个人财产。职务侵占罪规定的犯罪主体是公司、企业或者其他单位的人员。依照《公司登记管理条例》的有关规定，设立公司应当申请名称预先核准，但公司名称预先核准只是公司登记的必要前置程序，并不产生公司登记的后果，公司登记尚需提供其他材料，并需得到工商部门的审核批准方能设立公司。因此，本案中的居雅橱柜有限公司尚未设立，不是法律意义上的公司。职务侵占罪中规定的“其他单位”，并无非常明确的含义，如《最高人民法院关于村民小组组长利用职务便利非法占有公共财物的行为如何定性问题的批复》，就确认村民小组长可以成为职务侵占罪的主体，但在没有法律法规特别规定或者司法解释的情况下，其他单位的解释似可参照《最高人民法院关于适用〈中华人民共和国民事诉讼法〉若干问题的意见》第40条有关民事诉讼主体中“其他组织”的规定，即《民事诉讼法》第四十九条规定的：“其他组织是指合法成立、有一定的组织机构和财产，但又不具备法人资格的组织”。本案程某、曾某还未依法设立就已投产的公司显然缺乏合法成立的要件，不能认定为职务侵占罪中规定的“其他单位”。在公司设立前发起人所为的与设立公司有关的行为，因其各方须提供资金、实物等，且与经营有关，如经营失败则发起人应对外承担连带责任，与个人合法关系较为接近，应认为成立合伙关系。按《民法通则》第三十二条规定，合伙人投入的财产，由合伙人统一管理和使用。合伙经营积累的财产，归合伙人共有。程某、曾某共同投资的加工厂，在未登记前，应当认定为个人合伙，其财产为合伙人共有，胡某某盗卖的设备，是合伙人共有的财产。

2. 胡某某没有合法占有设备。侵占罪与盗窃罪的最大不同是，侵占罪是没有侵害占有权，其侵害所有权，侵占罪的行为人必须先合法占有财物，其实施侵占行为并不构成对占有的侵害。侵占罪的代为保管，是指受委托而占有，即基于委托关系对他人财物具有事实或法律上的支配力的状态。不管是事实上的支配关系或者是法律上的支配关系，都应以财物的所有人与行为人之间存在委托关系为前提，委托关系发生多种多样，如租赁、担保、借用、委任、寄存等。本案中，设备始终在程某、曾某租赁的厂房内，在厂房之内即已为妥善保管，无须再委托他人占有保管。即便程某、曾某不在厂房，因厂房系程某、曾某租赁，该设备无论在法律上还是一般的观念上都处于程某、曾某的占有、控制之下，除非有特别的委托，此时根本无需他人代为保管。胡某某虽然是加工厂的厂长，有管理加工厂以及维护设备正常运转的职责，但是并未受委托占有、保管设备，因此，不能成立侵占罪中所规定的“代为保管”。

3. 胡某某实施的行为是利用不知情的第三人林某窃取设备的行为。将他人作为工具来利用，从而实现犯罪的情况，是间接正犯。胡某某既非机器设备的所有人，又不是设备的合法占有人，其实施的非法出卖工厂设备的行为，可以构成盗窃罪。本案的特殊之处在于，胡某某是欺骗不知情的林某，声称自己是设备所有人，然后利用林某为“工具”，将设备从厂房运走，脱离所有人的控制，胡某某构成盗窃罪的间接正犯。

4. 胡某某骗取林某财物的行为构成诈骗罪。胡某某诈称自己为设备的所有人，林某信以为真，因而支付货款。虽然盗赃物是否适用善意取得在《物权法》中没有明确规定，但《物权法》第一百零七条规定了遗失物不适用善意取得，根据举轻明重的解释原则，遗失物尚且不适用善意取得，盗赃物的被害人更值得保护，当然也不应适用善意取得。所以购买盗赃物的第三人林某虽为善意，但不能取得设备的所有权，一旦设备被追回，则林某存在财产损失。胡某某隐瞒真相欺骗林某使其作出错误的意思表示，进而处分财产，并最终受有损害，该行为构成诈骗罪。

5. 对胡某某应当以盗窃罪和诈骗罪数罪并罚。本案中胡某某的行为可以简称为“盗卖”，似乎只有一行为，但细究之，则存在两个行为：一是利用不知情的林某盗走程某、曾某设备的行为；二是诈骗林某购买设备的行为。第一个行为侵害了程某、曾某的财产权，第二个行为也侵害了林某的财产权，二者虽然结合得十分紧密，但仍然可分，两个行为分别触犯了盗窃罪和诈骗罪，由于胡某某隐瞒设备系盗赃物的事实诈骗林某财物的行为侵害的已经不再是程某、曾某的财产权，而是林某的财产权，已经不是盗窃财物后自然的利用行为，侵害的是不同的法益，不是盗窃罪的事后不可罚行为，因此，应当数罪并罚。

综上所述，胡某某盗卖尚未办理设立登记的公司的财产，且欺骗不知情的第三人购买赃物，构成盗窃罪和诈骗罪，应当数罪并罚。

《刑事法律文件解读》2011 年总目录

廉政建设

特载

中华人民共和国刑法修正案（八）专辑

法规、法规性文件与解读

司法解释、司法解释性文件与解读

地方性法规、地方政府规章及解读

地方司法业务文件与解读

量刑规范化改革专辑

醉酒驾车犯罪专题

少年司法专题

[政策与精神]

[未成年人刑事案件量刑规范性文件]

最高人民法院典型案例公布

量刑规范化改革论坛

司法解释研究

司法工作热点问题研究

量刑规范化典型案例评析

新类型疑难案例选评

最新立法司法动态

《最新法律文件解读》丛书
稿　约

为更好地服务司法与行政执法工作，加强法制宣传，提高司法与行政执法能力，人民法院出版社2005年起正式出版《最新法律文件解读》丛书。

欢迎您向以下栏目赐稿：

【最新法律文件解读】主要是对最新颁行的法律文件进行解读，帮助司法和执法人员正确理解法律文件的立法背景、意义、重点内容、在适用中应注意的问题、与相关法律文件的衔接与互动关系等等。

【司法工作热点问题研究】主要刊登对司法理论、实务及司法管理工作中的热点、疑难问题进行研究及评论的文章。

【新类型疑难案例选评】主要是对司法和行政执法实践中具有典型性和代表性的疑难案例，结合具体案情以及审理或处理结果进行简练精辟的点评，解析认识问题的方法、处理问题的法律依据和在个案中的具体适用。每篇点评文章一般在两三千字左右为宜，并拟出点评题目。

【法学前沿与新视点】以摘要的形式刊登相关法学理论研究的最新动态及具有代表性和典型性的前沿问题，扩展法学研究的深度和广度。

【法律适用热点、疑点、难点问题解答】主要针对司法和行政执法实践中面临的新问题、热点问题、疑难问题进行简要地解答，指出涉及的法律关系，明确法律适用依据。

稿件一经刊用，即付稿酬，稿酬从优。

《刑事法律文件解读》　兰丽专　邮箱：lanlizhuan@ sohu. com

《民事法律文件解读》　肖瑾璟　邮箱：courtbook@ 163. com

《行政与执行法律文件解读》　姜　峤　邮箱：jiang9919@ 126. com

《商事法律文件解读》　姜　峤　邮箱：jiang9919@ 126. com

人民法院出版社

《最新法律文件解读》丛书编辑部